LES DÉCOUVERTES

[DE N]INIVE ET DE BABYLONE

au point de vue biblique.

CONFÉRENCES

PAR J. WALTHER, V. D. M.

Avec 25 figures.

Camée de Nébuchadrézar.

LAUSANNE
GEORGES BRIDEL ÉDITEUR

DE N

LES DÉCOUVERTES

DE NINIVE ET DE BABYLONE

au point de vue biblique.

CONFÉRENCES

PAR **J. WALTHER,** V. D. M.

Avec 25 figures.

Camée de Nébuchadrézar.

LAUSANNE
GEORGES BRIDEL ÉDITEUR

LES DÉCOUVERTES

DE NINIVE ET DE BABYLONE

LAUSANNE, 1889 — IMPRIMERIE GEORGES BRIDEL

LES DÉCOUVERTES

DE NINIVE ET DE BABYLONE

au point de vue biblique.

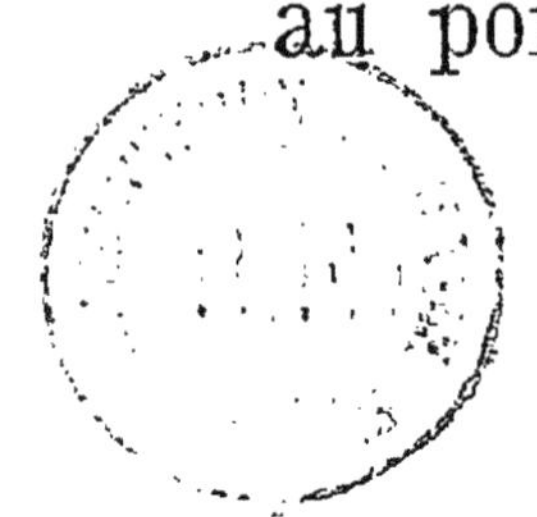

CONFÉRENCES

PAR

J. WALTHER, V. D. M.

Avec 25 figures.

Camée de Nébuchadrézar.

LAUSANNE
GEORGES BRIDEL ÉDITEUR

INTRODUCTION

Le but de ce petit livre, comme l'indique le sous-titre, est de prouver que les découvertes modernes, faites à Ninive et à Babylone comme ailleurs, ont constamment confirmé l'exactitude historique des Livres Saints et démontré la supériorité incomparable de la religion révélée en Israël sur les autres religions de l'antiquité. Puissent ces humbles pages contribuer à faire ressortir clairement et cette confirmation et cette démonstration.

Dans ce but, nous nous sommes appliqué avant tout à être aussi exact que possible en relatant les faits. Aussi n'avons-nous consulté constamment que des auteurs bien informés. Parmi eux nous citerons en particulier : *Lenormant-Babelon*, Histoire ancienne des peuples de l'Orient ; *Perrot et Chippiez*, Histoire de l'art dans l'antiquité ; *J. Menant*, L'Assyrie et la Babylonie ; *Vigouroux*, La Bible et les découvertes modernes ; *Kaulen*, Assyrien und Babylonien ; *Schrader*, Die Keilinschriften und das Alte Testament ; *Lenormant*, Die Magie und die Wahrsagerkunst der Chaldäer ; *Layard*, Nineveh and Babylon ; *G. Rawlinson*, Ancient monarchies of the East.

C'est aux livres de la plupart de ces auteurs que nous empruntons les dessins d'après lesquels nous avons composé les diagrammes, dont les figures que nous donnons sont la reproduction, exécutée par la maison F. Thévoz & Cie à Genève.

Que l'Auteur de toute grâce veuille bénir ces pages, en y faisant trouver à quelques lecteurs plus et mieux que la satisfaction d'une simple curiosité historique et archéologique.

MORGES, mars 1889.

J. W.

PREMIÈRE CONFÉRENCE

HISTOIRE DE LA DÉCOUVERTE DES RUINES DE NINIVE

PREMIÈRE CONFÉRENCE

HISTOIRE DE LA DÉCOUVERTE DES RUINES DE NINIVE

SOMMAIRE : Description géographique de la Mésopotamie ; ses limites. — Configuration des parties méridionale et septentrionale du pays ; fertilité de cette dernière. — Nombreuses ruines ; les trois monticules de Ninive ; délimitation et étendue de la capitale de l'Assyrie. — Prompt et long oubli dans lequel tomba Ninive après sa destruction. — Les explorateurs de Ninive : MM. *Rich*, *Botta*, *Place*, *Layard*. — Les fouilles de ce dernier à Nimroud, à Koyoundjik et à Nebi-Yunus. — Récit du transport de quelques colosses au Tigre. — Discours du sheikh Abder-Ramman à Layard. — Les successeurs de Layard. — Enumération des palais découverts. — Conclusion.

Des confins de la Chine aux rives de l'Atlantique sur la côte occidentale de l'Afrique, en passant par les contrées actuelles de la Perse, de l'Arabie et du Sahara, s'étend un immense désert, fond d'une ancienne mer qui existait dans un âge géologique antérieur au nôtre. Deux fois seulement ce désert est interrompu, du nord au sud, par une bande de terre fertile qui, chacune, fut occupée jadis par un puissant empire. La première de ces bandes, l'*Egypte*, doit son existence au Nil, l'autre la doit non à un fleuve seulement, mais à deux, l'Euphrate et le Tigre qui la limitent à droite et à gauche ; je veux parler de la *Mésopotamie*, c'est-à-dire du pays « entre les deux fleuves. »

C'est avec ce dernier pays que nous désirons faire faire à nos lecteurs plus ample connaissance, d'abord en leur en donnant un rapide aperçu géographique, puis surtout en essayant de faire revivre devant eux le peuple, si souvent mentionné dans la Bible, qui l'habita bien des siècles avant Jésus-Christ, et tel que les découvertes de ce siècle-ci l'ont pour ainsi dire ressuscité pour l'histoire.

* * *

La *Mésopotamie* s'étend du 30e au 37e degré latitude nord. Elle est limitée à l'est par la Perse, dont les plateaux montagneux s'élèvent de manière à former une espèce de muraille, assez accessible encore dans sa partie méridionale. Mais à mesure qu'elle s'étend vers le nord, elle devient plus abrupte et finit par former, sous le nom de *Djebel Dagh*, autrefois les

Monts Zagros, une succession de sept étages aussi sauvages que pittoresques, et coupés par plusieurs vallées dont les abondants cours d'eau répandent autour d'eux, jusqu'aux abords de la plaine mésopotamienne, une merveilleuse fertilité. Ces étages furent habités dans l'antiquité par les Mèdes, les fiers et indépendants Suisses de ces temps reculés et qui, un jour, devaient devenir une puissance fatale aux Assyriens, leurs voisins.

Au nord, la Mésopotamie est également fermée par la chaîne du *Kurdistan* actuel, autrefois les *Montagnes d'Arménie*, dont plusieurs cimes dépassent la limite des neiges éternelles et qui, depuis le sud, ne donnent accès à leurs plateaux que par un petit nombre de passages, tous plus ou moins difficiles à franchir.

A l'ouest, on rencontre d'abord, en descendant du nord au sud, la grande plaine d'*el Djeziré*, autrefois occupée par la puissante confédération des Héthiens. Puis commence le vaste *désert de Syrie*, qui descend jusque vers le sud de l'Arabie et va de la Mésopotamie à la Palestine : immense étendue de sable et de sel, où les intolérables ardeurs d'un soleil dont rien ne vient tempérer la chaleur, n'alternent qu'avec les effrayants ouragans du simoun, et où il n'y a d'autre route que celle que forment les traces, vite effacées, ou les blanches carcasses des chameaux des Bédouins qui, seuls, osent parcourir ces solitudes.

Enfin, le sud de la Mésopotamie est baigné par les eaux du *golfe Persique.*

De pareilles limites étaient, comme on voit, autant de barrières naturelles, prédestinant le peuple qu'elles enfermaient à se développer dans une salutaire réclusion, jusqu'à ce qu'il fût devenu assez fort pour pouvoir rompre ses entraves et se répandre, comme une puissance désormais toujours victorieuse, dans tous les pays environnants.

Quant au pays même de la Mésopotamie, il est composé de deux territoires géologiquement et physiquement assez dissemblables ; si bien que cette différence fut suffisante jadis pour déterminer les limites des deux royaumes qui l'occupèrent. Le territoire méridional, qui s'étend du 30e au 34e degré latitude nord et qui fut occupé par l'empire babylonien ou chaldéen, est une plaine d'alluvion formée par les dépôts bien des fois séculaires de l'Euphrate et du Tigre. Elle est si absolument plate que les seules hauteurs qui, aujourd'hui, en interrompent la monotonie, consistent dans des « tells » ou monticules de décombres, restes des anciennes villes qui y existaient dans l'antiquité.

Depuis le 34e degré, au contraire, et en se dirigeant encore vers le nord, le pays prend l'aspect d'une plaine assez ondulée qui, dans sa partie septentrionale, devient même montagneuse, parce que la chaîne du Kurdistan y envoie ses dernières ramifications. En même temps, les cours d'eau s'y multiplient et parmi eux il s'en trouve, outre l'Euphrate et le Tigre, de considérables, tels que le *Petit* et le *Grand Zab*, ce dernier aussi puissant que le Tigre lui-même. Le climat, par ce fait, y est beaucoup moins chaud qu'il ne le devient plus bas, surtout dans la plaine babylonienne ; par suite aussi, la végétation y est beaucoup plus variée. Tandis que, au sud du confluent du Grand Zab et du Tigre jusqu'en Babylonie, on ne trouve, en fait d'arbres, que le palmier et, çà et là, le saule (comp. Ps. 137 : 1, 2) et le tamarisque, on rencontre, dans le nord de la Mésopotamie, le sycomore, le plane et le peuplier, ainsi que bien des arbres fruitiers, tels que l'oranger, le citronnier, le grenadier, l'abricotier, l'olivier, la vigne et le figuier. Ainsi en était-il déjà du temps des Assyriens, le peuple qui habitait cette contrée. Aussi le roi Sennachérib disait-il vrai quand, après avoir envahi le royaume de Juda, il en invitait ironiquement les habitants à quitter, par l'exil, leur pays pour se rendre dans le sien ; « car, disait-il, c'est un pays comme le vôtre, un pays de blé et de vin, un pays de pain et de vignes, un pays d'oliviers à huile et de miel. » (2 Rois 18 : 32.)

Malheureusement, il disait alors beaucoup plus vrai qu'il ne pourrait le faire aujourd'hui. Car tous ces arbres fruitiers dont il vient d'être question et qui remplissaient alors le pays, ne croissent plus guère que dans le voisinage immédiat des rivières ou au pied des montagnes. Quant au pays lui-même, jadis si fertile, il produit bien, après les pluies du printemps, de magnifiques tapis de verdure émaillés de fleurs innombrables aux couleurs éclatantes ; mais bientôt le soleil vient brûler toutes ces splendeurs, et il ne reste plus qu'un sol aride et jauni par l'herbe desséchée. Car la Mésopotamie tout entière appartient au gouvernement turc, reconnaissable, où il existe, aux ruines qu'il laisse ou qu'il fait. Toutes ces eaux si abondantes dont nous parlions tout à l'heure, vont se perdre inutiles dans le Tigre, vu l'abandon complet dans lequel on a laissé tomber cette canalisation du pays, que les deux royaumes d'Assyrie et de Babylone avaient si admirablement comprise et entretenue que leur pays était d'entre les plus fertiles du monde.

* * *

Aussi, dans la Mésopotamie septentrionale, ou l'Assyrie, dont nous allons nous occuper d'abord, les villes abondaient jadis, ainsi que le prouvent les nombreuses ruines, semées à travers ce pays aujourd'hui si désert. Elles ne sont pas aussi fréquentes du côté occidental du Tigre où, de bonne heure après la destruction de l'empire assyrien, le désert fit valoir ses droits. Mais entre le Tigre et les montagnes de l'est, les tells artificiels, restes des cités d'autrefois, se rencontrent si souvent — il y en a plus d'une centaine de sept à vingt-sept mètres de haut — qu'ils autorisent à supposer dans cette contrée, qui était le cœur même de l'Assyrie, une population très dense.

Parmi ces monticules, il y en a surtout trois qui, à première vue, attirent l'attention par leur étendue, et la commandent bien plus encore depuis que les fouilles modernes ont permis d'en apprécier l'immense valeur historique.

Le premier de ces monticules, en effet, ne renferme rien moins que les ruines de la *Ninive* proprement dite. Cette cité (fig. 1) est représentée aujourd'hui par deux collines, situées en face de la ville moderne de Mossoul, siège d'un pacha turc et d'où la mousseline tire son nom. De ces deux collines, séparées par la petite rivière du *Kosr-Su*, celle du nord s'appelle le tell de *Koyoundjik*, nom du village qui en couronne la sommité et qui signifie « Petit Agneau ; » parce que, au printemps, ce village, avec ses maisons crépies à la chaux, ressemble à distance, et pour l'imagination orientale, qui n'y regarde pas de si près, à un agneau blanc couché dans une prairie. La colline du sud est le tell du *Nebi-Yunus*, c'est-à-dire du « Prophète Jonas, » dont le prétendu tombeau se trouve en cet endroit. Ces deux tells sont environnés de longues rangées de terre, restes des anciennes murailles de la ville qui, d'après la direction de ces rangées, devait avoir une forme plus ou moins triangulaire.

A peu près à vingt milles anglais, c'est-à-dire à six ou sept lieues au sud de Koyoundjik et de Nebi-Yunus ou, en suivant le cours du Tigre, à une distance d'à peu près dix lieues et dans l'angle formé par le confluent du Grand Zab et du Tigre, se trouvent les ruines de *Nimroud*, nom moderne de la ville biblique de *Calah*. La superficie en est d'un peu plus de quatre cents hectares, moitié moins que pour les ruines de Ninive. Elles forment un carré long dont les angles sont, comme c'était le cas pour toutes les villes assyriennes, orientés vers les quatre points cardinaux.

Au nord de Koyoundjik, à une distance d'à peu près neuf milles, soit trois lieues, se trouve le troisième des monticules dont il a été question, celui qui, d'après le village qu'il porte, s'appelle le tell de *Khorsabad*, et forme un carré presque parfait de seize à dix-sept cents mètres de côté.

Enfin, outre ces trois monticules, nous trouvons encore, à une vingtaine de milles au sud-est de Khorsabad, les ruines beaucoup moins apparentes de *Keremlès*.

C'est entre ces quatre emplacements que, d'après les résultats auxquels est arrivée l'étude de ce coin de pays, devaient se trouver les quatre villes ou capitales assyriennes dont parle la Bible (Gen. 10 : 11, 12) : *Ninive* et *Calah* que nous venons de mentionner, *Résen*, peut-être représentée par les ruines de *Sélamiyeh*, situées entre les monticules de Koyoundjik, Nebi-Yunus au nord et Nimroud au sud ; enfin *Rehoboth-Ir*, qui ne signifie pas autre chose que « les rues de la ville » et que nous allons retrouver tout à l'heure.

La réunion de ces quatre villes devait devenir peu à peu la cité la plus immense qui ait jamais existé, qui pour cette raison est nommée dans la Bible, « la grande cité » (Jon. 1 : 2; 3 : 3) et qui, d'après la principale des quatre, a reçu le nom générique de *Ninive*. C'était une étendue presque monstrueuse; aussi pouvons-nous admettre sans peine qu'il n'y a aucune exagération dans la remarque du livre de Jonas (Jon. 3 : 3), d'après laquelle il fallait trois journées de marche pour traverser la ville en tous sens ou, comme nous dirions aujourd'hui, pour en faire le tour. Non point que tout cet espace fût occupé par des rues, comme le sont nos villes modernes ou comme le fut l'antique Babylone ; il y avait çà et là, surtout aux trois premiers emplacements décrits plus haut, des centres de population reliés par de grandes voies de communications qui étaient bordées d'habitations, et entre lesquelles s'étendaient des champs et des prairies. C'étaient ces routes qui probablement constituaient ces « rues de la ville » que désigne le Rehoboth-Ir de la Bible. Néanmoins l'ensemble, quoiqu'il ne fût jamais entouré d'un mur d'enceinte général, formait si bien un tout qu'il pouvait bien être considéré comme une cité unique.

Pour donner quelque idée de l'aspect que présentent ces ruines dont nous allons maintenant raconter les fouilles, nous présentons (fig. 2) une esquisse de celles de Nimroud, reproduite d'après le dessin fait sur les lieux mêmes par l'un des explorateurs, ainsi que leur reconstitution la plus probable par la science des architectes modernes (fig. 3)[1].

* * *

« Ninive était jadis comme un réservoir d'eau, » dit le prophète Nahum (Nah. 2 : 9), plus peuplée qu'aucun autre « réservoir », c'est-à-dire qu'aucune autre ville de la terre. On compte qu'elle devait renfermer, pour le moins, deux cent mille habitants ; chiffre auquel revient effectivement l'évaluation du livre de Jonas, où il est dit (Jon. 4 : 11) qu'il y avait là « cent vingt mille êtres ne sachant pas distinguer leur droite d'avec leur gauche, » c'est-à-dire autant d'enfants, ce qui, en comptant deux parents par trois

[1] La colline pointue sur la gauche du dessin de la fig. 2, correspond à la tour d'observation de la fig. 3, également sur la gauche. Chacun des intervalles entre les collines de la fig. 2 représente les restes des escaliers monumentaux qui séparaient les divers palais représentés par les collines (dans lesquelles on a retrouvé, comme nous verrons, les restes des édifices royaux). Quant au Tigre qui, d'après la fig. 3, coulait au pied même des palais, il s'est retiré, depuis, de plusieurs minutes, vers la droite de son cours d'autrefois ; voilà pourquoi il n'est pas représenté sur la fig. 2.

enfants, comme le fait d'ordinaire la statistique, donne bien les deux cent mille. Chiffre énorme et même unique dans l'antiquité, où les agglomérations d'hommes dans les capitales étaient bien moindres qu'aujourd'hui. Mais, comme l'annonçait le prophète, le « réservoir » a été vidé et le bassin brisé, par les Mèdes et les Babyloniens, d'une manière si complète que, bien avant l'ère chrétienne, il n'en restait plus que des ruines informes. Il y a plus, et ce que nous allons dire est une chose à peine croyable, mais dont l'étrangeté ne fait que mieux comprendre combien vraie devait apparaître cette autre parole de Nahum : « Les multitudes de Ninive en ont disparu comme disparaît une nuée de sauterelles *et l'on ne connaît plus même le lieu où elles étaient.* » (Nah. 3 : 17.) En effet, moins de deux siècles et demi s'étaient écoulés depuis que l'Assyrie avait cessé d'être un empire (c'est-à-dire depuis 625 avant Jésus-Christ), et déjà le souvenir même de l'emplacement des quartiers de Ninive s'était effacé de la mémoire des hommes. C'est un fait que lorsque Xénophon, dans sa glorieuse retraite des Dix mille, ramena en Europe les restes d'une armée grecque, et qu'il passa près de ce qui avait été Ninive, il ne se douta pas qu'il était dans le voisinage de cette ville, et il ne se trouva personne qui le sût et qui pût l'en instruire. En effet

Ninive ayant été presque exclusivement bâtie en briques crues, celles-ci, après la ruine de la ville, tombèrent peu à peu en poussière et, rapidement recouvertes par les sables du désert, finirent par ne plus ressembler même à des ruines ; après moins d'un siècle, ce n'étaient plus que des collines informes.

Cet oubli persista jusqu'au seizième ou au dix-septième siècle de notre ère. Quelques voyageurs, sans doute, vinrent chercher l'ancienne capitale assyrienne dans ces parages, mais sans la trouver ; d'autres furent frappés de la forme extraordinaire des monticules qui la cachaient et la cachent encore en majeure partie, sans qu'aucun d'eux pût savoir ce qu'ils contenaient. Ce ne fut qu'au commencement de notre siècle, en 1820, qu'un agent diplomatique de l'Angleterre, qui était en même temps un intelligent voyageur, M. *Rich*, de passage à Mossoul, se mit à examiner de plus près, mais sans avoir le loisir d'y pratiquer aucunes fouilles, les tells de Nebi-Yunus et de Koyoundjik, situés, comme nous le disions plus haut, en face de Mossoul. Il apprit que, peu avant son arrivée, on y avait découvert une grande dalle couverte de représentations particulièrement étranges d'hommes et d'animaux. Ce mystérieux objet avait mis en émoi toute la population ; mais quand l'uléma ou prêtre mahométan eut déclaré que ces figures étaient des idoles adorées par les infidèles, les dévots avaient brisé la dalle en si menus morceaux que Rich ne put plus rien en sauver. Et tout ce qu'il trouva lui-même, se réduisit à quelques débris de poteries et de briques avec des inscriptions en langue assyrienne, débris qu'il envoya au Musée britannique de Londres. Ils y furent pendant longtemps les seuls représentants de la civilisation assyro-babylonienne, et une caisse longue et large de trois pieds suffit pour les contenir.

* * *

Vingt-deux ans plus tard, ainsi en 1842, un savant allemand, professeur de langues orientales, à Paris, *Jules de Mohl*, examina le contenu de cette caisse et fut saisi du pressentiment que ces humbles débris pourraient bien provenir de Ninive, et que des fouilles, pratiquées dans les monticules au pied desquels Rich les avaient recueillis, amèneraient peut-être au grand jour bien des restes intéressants pour l'histoire. Il sut gagner à son idée le naturaliste français *Paul-Emile Botta*, que son gouvernement était sur le point d'envoyer comme agent consulaire à Mossoul.

Bientôt après son arrivée dans cette ville, Botta apprit que les paysans de la contrée tiraient leur chaux de dalles sculptées qu'ils allaient chercher à Koyoundjik et autres monticules semblables. Encouragé par cette précieuse indication, il loua quelques ouvriers et se mit à creuser dans la colline de Koyoundjik, mais en commençant malheureusement par le bas. Nous aurons lieu, plus loin, d'expliquer pourquoi, dans ces circonstances, il était impossible, même après plusieurs semaines de travail, qu'il en résultât autre chose pour Botta que la découverte de quelques briques, semblables à celles qu'avait déjà trouvées son prédécesseur Rich.

Déjà il commençait à perdre courage quand, d'aventure, un tisserand de Khorsabad arrivant sur les lieux, et remarquant le soin avec lequel l'étranger étiquetait le moindre de ses tessons, lui raconta que, dans la colline sur laquelle était bâti son village, on trouvait souvent des pierres chargées de toutes sortes de sculptures. Botta s'y rendit, et à peine eut-il fait pratiquer, cette fois depuis le haut de la colline, une galerie dans le sol, qu'il toucha un mur, revêtu au bas de tout son pourtour intérieur de grandes pierres plates couvertes de bas-reliefs. Ce jour-là on commençait à retrouver l'Assyrie avec toute sa civilisation ; on ouvrait la première page de l'un des plus étonnants livres de l'histoire de l'humanité.

Botta ignorait naturellement encore que ce n'était pas dans les ruines de la Ninive proprement dite qu'il venait de pénétrer. La colline de Khorsabad renfermait LES RUINES D'UNE autre VILLE, dont on déchiffra plus tard le nom de DUR-SARUKIN ; en particulier là où l'explorateur français faisait en ce moment ses fouilles, il se trouvait au milieu des RESTES D'UN IMMENSE PALAIS, BATI PAR LE ROI ASSYRIEN SARGON, celui-là même qui avait donné son nom à la ville ; car Dur-Sarukin signifie « forteresse de Sargon. » L'existence de ce prince avait été considérée jusque-là comme fort problématique, parce que la Bible était seule à le mentionner et dans un seul passage (Esaïe 20 : 1). La connaissance détaillée de son règne, qu'allait révéler le déchiffrement des inscriptions de Khorsabad, devait bientôt confirmer d'une manière brillante l'exactitude historique de la mention que faisait de lui le prophète historien.

Chaque jour réservait maintenant à l'heureux explorateur des étonnements et des ravissements nouveaux. Il découvrit des séries entières de chambres du palais dont nous ferons la description détaillée dans notre seconde conférence. Dans chacune de ces chambres, Botta contempla, sur de nombreuses dalles en albâtre gris, des scènes différentes de la vie assyrienne, toutes sculptées en bas-relief, et au trait encore si admirablement net que l'artiste semblait n'y avoir mis la dernière main que la veille. Ici, il se trouvait en présence du monarque lui-même dont les traits étaient évidemment reproduits d'après nature, debout, ou assis sur son trône, ou partant en guerre sur son char, ou encore faisant la chasse à des lions. Là, il déterrait les représentations souvent saisissantes des divinités de ces temps ; ailleurs, c'était des sièges de villes, des convois de prisonniers, des érections de statues, etc. Nous retrouverons tous ces sujets plus tard.

Botta continua ses travaux avec persévérance, au mépris des difficultés multiples qui lui étaient créées par un climat meurtrier et par les tracasseries souvent plus pénibles encore du gouverneur de Mossoul, aussi inepte que jaloux de ses succès. Pour rendre ses fouilles aussi étendues que possible, l'explorateur finit par acheter le village tout entier de Khorsabad, dont il fit transporter les légères maisons en bois au bas de la colline. Il obtenait des résultats toujours plus encourageants quand, par suite de revirements politiques survenus en France, il fut rappelé dans sa patrie en 1845. Il y revint avec une riche collection de sculptures et d'inscriptions.

Six années se passèrent avant que, en 1851, le successeur de Botta, M. *Place*, pût continuer les fouilles de Khorsabad. M. Place était un architecte, qualification qui non seulement lui permit de faire une foule de découvertes nouvelles, mais surtout le mit en état, grâce aux tracés subsistants des murs et aux représentations de palais qu'il rencontra parmi les bas-reliefs, de reconstituer la demeure de Sargon et de s'en faire, approximativement, une idée d'ensemble, à laquelle il finit par donner expression dans un plan dont nous offrons la reproduction dans la figure 5.

* * *

Avec les explorations de MM. Botta et Place se termine la part que prit la France à la découverte des palais assyriens ; part glorieuse, comme on voit, car, comme c'est si souvent le cas pour cette nation, ce fut elle qui avait pris l'initiative et montré le chemin aux autres. Et comme, si souvent aussi, ce furent les Anglais qui reprirent à nouveau l'œuvre française et la menèrent plus loin, avec le sens pratique, l'énergie et la persévérance qui les caractérisent. Il est vrai que, en ce cas, l'Angleterre était représentée par un homme chez qui ces trois aptitudes étaient réunies à un degré rare, et qui y ajoutait une quatrième qualité non moins nécessaire dans cette contrée si malsaine, celle d'une santé à toute épreuve. Cet homme était *Austin Henry Layard.*

Dès les premières découvertes de Botta qui, naturellement, avaient été connues dans l'Europe entière presque aussitôt qu'en France, le désir de remporter, lui aussi, des lauriers sur ce champ de bataille aux pacifiques triomphes, ne cessa d'obséder Layard. Enfin, en 1845, il put le réaliser, grâce à la munificence de l'ambassadeur anglais à Constantinople, *Sir Stratford Canning*, dont il était l'un des attachés. Il se rendit à Mossoul et se fit présenter au pacha comme un Anglais désireux de chasser le sanglier dans la contrée. Il quitta effectivement cette ville, après s'être procuré, sans en faire aucun bruit, les instruments nécessaires aux fouilles. Il se garda bien de s'attaquer aux monticules de Koyoundjik et de Nebi-Yunus, sous les yeux des ombrageuses autorités, mais alla essayer sa fortune plus au sud, en creusant dans le grand tell de Nimroud.

Ce fut là que, entouré d'Arabes, dont il connaissait admirablement la langue et les mœurs, exposé aux chaleurs de l'été mésopotamien presque insupportable pour les Européens, et passant les nuits dans un antre humide, Layard fit, durant plusieurs années, une succession de magnifiques découvertes qui ont rendu son nom impérissable, et qu'il a racontées dans deux volumes du plus saisissant intérêt. J'en extrais, entre autres, le vivant récit de l'une de ses premières découvertes, celle d'un des taureaux ailés, dont les tailles colossales ornaient les entrées des palais assyriens :

« De bon matin, écrit-il, je m'étais rendu à cheval au camp du sheikh Abd-er-Ramman, et j'en revenais déjà quand je vis s'approcher au triple galop deux Arabes de sa tribu. Arrivés près de moi, l'un d'eux s'écria : « Vite, vite, bey, aux tranchées ; nous avons trouvé Nemrod en personne ! Par Allah, c'est incompréhensible, mais c'est vrai ; nous l'avons contemplé de nos yeux ! Il n'y a point de Dieu que Dieu ! » A peine m'avaient-ils jeté ces paroles, qu'ils se remirent en route pour rejoindre leurs tentes, afin d'y porter cette étonnante nouvelle.

» Arrivé près des ruines, je descendis dans la galerie nouvellement ouverte, et je trouvai mes Arabes réunis autour d'un amas de corbeilles et de manteaux, dont ils avaient couvert leur trouvaille, et qu'ils laissèrent tomber à mon arrivée. Je me trouvai inopinément en présence d'une colossale tête d'homme, entière, taillée dans l'albâtre de la contrée. Elle était admirablement conservée. L'expression en était calme et majestueuse et d'une exécution magistrale. Je ne m'étonnai pas, de ce que, à son aspect, les Arabes eussent d'abord été saisis d'épouvante et eussent vu, dans cette apparition, l'un de ces êtres mystérieux qui, selon la légende de la contrée, sortent parfois de terre pour visiter les mortels.

» Pendant que je faisais déblayer la terre qui entourait la figure, arriva au galop le sheikh Abd-er-Ramman, accompagné de la moitié de sa tribu, pour voir, lui aussi, cette merveille. Après être descendus de cheval et s'être rangés autour du bord supérieur de la tranchée, les Arabes s'écrièrent tous d'une voix formidable : « Il n'y a de Dieu que Dieu, et Mahomet est son prophète ! » Il se passa un long moment avant que je pusse décider le sheikh à pénétrer avec moi dans la tranchée et à s'assurer de près qu'il n'avait affaire qu'à de la pierre sculptée : « Ceci, dit-» il, n'est point une œuvre faite de main d'homme, » mais le produit de ces géants infidèles dont le pro-» phète, — paix lui soit ! — dit qu'ils étaient plus » grands que les plus hauts palmiers ; c'est ici l'une » de ces idoles que le patriarche Noé, — paix lui

» soit ! — maudit avant le déluge ! » Et tous d'exprimer leur conviction qu'il en était réellement ainsi [1]. »

Nous donnons, dans la figure 6, une représentation de ces *taureaux ailés à tête humaine*, dont nous aurons lieu de reparler plus tard ; mais ce qui, dès à présent, nous intéressera dans la découverte dont nous venons d'entendre le récit, c'est que ce taureau, avec son compagnon que Layard découvrit les jours suivants, était placé à l'entrée du *palais de Salmanassar IV*, un autre de ces rois assyriens que nous connaissons par la Bible, car ce fut lui qui assiégea Samarie (2 Rois 17 : 3).

Peu à peu Layard mit à jour des suites entières de cours et de chambres dans ce palais. Dans chacune de ces chambres se trouvaient des inscriptions et des bas-reliefs, grâce auxquels nous connaissons aujourd'hui la vie de Salmanassar aussi bien que celle d'un empereur romain quelconque. Dans l'une de ces cours, Layard découvrit un *obélisque en marbre noir*, dont la taille n'avait rien de remarquable que sa petitesse, car il ne mesure que deux mètres en hauteur. Mais il est d'une valeur spéciale pour les amis de la Bible, car il représente entre autres une députation juive dont les traits rappellent parfaitement ceux du type israélite, et qui avait été envoyée

[1] Layard, *Nineveh and its remains*, petite édition. p. 49 et suiv.

à *Salmanassar II*, par le roi d'Israël Jéhu, comme le dit expressément l'inscription en langue assyrienne qui accompagne le bas-relief.

Dans des fouilles entreprises postérieurement, en 1848, Layard s'attaqua au tell de *Nebi-Yunus* et en même temps, reprit à *Koyoundjik* les travaux commencés jadis par Botta et qui avaient fourni de si maigres résultats à l'explorateur français. La cause de son insuccès avait été reconnue depuis longtemps : il avait eu la mauvaise inspiration de creuser ses galeries dans le bas du tertre. Or, on avait constaté, soit à Khorsabad soit à Nimroud, que ce bas ne pouvait rien contenir en fait d'antiquités, vu que, avant d'édifier, les Assyriens avaient l'habitude d'élever des terre-pleins ou terrasses, hautes de bien des mètres et qui n'étaient absolument composées que d'une masse compacte de briques crues et cuites. Layard commença donc ses fouilles par le haut, et ne tarda pas à trouver à Koyoundjik les mêmes richesses que celles qui avaient été la rémunération de ses travaux à Nimroud et de ceux de MM. Botta et Place à Khorsabad. C'est ainsi qu'il découvrit les PALAIS DE DEUX AUTRES ROIS BIBLIQUES, de *Sennachérib*, dont l'armée fut détruite par un miracle, du temps d'Ezéchias, et d'*Essarhaddon*, le fils de Sennachérib, qui emmena en captivité Manassé, le fils d'Ezéchias.

Mais la plus précieuse découverte de Layard dans cette colline fut, en 1850, et dans LE PALAIS D'ASSURBANIPAL, celle de la *bibliothèque royale*, toute en briques, hélas! dans la double acception dans laquelle on peut prendre cette expression en français. En effet, la matière en est en briques cuites, mais la plupart sont brisées, et les débris, lors de leur découverte, en jonchaient, à une hauteur de deux pieds, le sol sur lequel, pendant l'incendie du palais, elles étaient tombées de l'étage supérieur. En même temps, elles se trouvaient dans un grand désordre, qui fut doublé par le manque de soin avec lequel on entassa, dans des paniers, ces inappréciables trésors; ce désordre cause aujourd'hui des difficultés immenses aux savants occupés à Londres et ailleurs à déchiffrer ces étranges livres, qui feront, du reste, le sujet de notre troisième conférence.

* * *

Nous ne nous arrêterons pas à parler longuement de l'enlèvement de la plupart des richesses archéologiques que Layard put envoyer de Ninive en Angleterre. Cependant, l'histoire du transport de l'une des treize paires de taureaux ailés que découvrit l'explorateur anglais, ainsi que d'un lion en pierre, est trop piquante pour que nous ne la contions rapidement à nos lecteurs.

Quand Layard eut construit le massif chariot qui devait transporter ces colosses, et que le jour fut venu de le mener jusqu'au Tigre, sur lequel sa précieuse charge devait être amenée à Bagdad et de là au golfe Persique, la vie publique se trouva comme suspendue à Mossoul. Secrétaires et employés du pacha quittèrent le Divan, les gardes désertèrent leurs postes, les bazars se vidèrent, et la moitié de la population alla se presser sur les bords du fleuve, pour assister au spectacle unique qui l'attendait.

Après avoir complètement isolé le premier des taureaux, encore à moitié engagé dans le terrain, Layard fit disposer devant lui un large plateau en bois se mouvant sur des rouleaux ; puis, avec des câbles savamment distribués, il fit maintenir le colosse en équilibre, pendant qu'il commandait à quatre escouades d'Arabes de l'incliner sur le plateau. Quel moment que celui-là ! car que de choses devaient résulter du succès de cette opération. Les Arabes, gesticulant comme des possédés, s'excitaient au travail par un bruit infernal de tambours et de fifres, et par leurs sauvages chants de guerre, auxquels venaient s'ajouter les cris perçants de leurs femmes, assemblées pour les encourager. Tout à coup, pendant que le taureau est en suspension, les cordes trop tendues sous son poids de quinze mille kilogrammes, se brisent, et les Arabes, renversés par la brusque rupture des câbles, vont roulant à droite et à gauche dans la poussière. Un silence mortel succéda au vacarme de tout à l'heure, et Layard accourut pour constater, comme il le pensait, que son taureau était tombé en pièces. Oh ! bonheur ! Il s'était couché intact à la place même où Layard le voulait sur le plateau ! A la vue de cette chance inespérée, une vraie frénésie s'empara des Arabes. Leur sheikh en tête, ils saisirent les mains de leurs femmes présentes et, dans l'ivresse de leur joie, exécutèrent la danse la plus folle qui fût jamais !

Quelques heures plus tard, le chariot roulait lentement, lourdement en avant. Trois cents hommes le tiraient, solennellement précédés d'une troupe de musiciens et accompagnés encore de leurs femmes, avec lesquelles ils poussaient à l'envi des cris formidables. Deux jours se passèrent à parcourir la distance d'une demi-lieue ; enfin, après bien des péripéties dont Layard ne triompha que grâce à son savoir-faire et à son indomptable énergie, il parvint heureusement au bord du Tigre, où il amena également ses autres colosses. Il les chargea sur des radeaux, tels qu'ils sont en usage sur ce fleuve et dont l'originale composition, semblable à celle que, déjà trois mille ans auparavant, les Assyriens avaient imaginée, permit seule de maintenir à flot ces énormes pierres. Construits, comme les radeaux de nos pays, avec des troncs d'arbres assemblés, ils sont soutenus sur l'eau par un grand nombre d'outres gonflées d'air, disposition qui permet les chargements les plus considérables. Aussi Layard amena-t-il sans encombre ses trésors jusqu'aux rives du golfe Persique d'où, chargés sur des bateaux pontés exprès, ils parvinrent heureusement au Musée britannique de Londres. C'est là que, aujourd'hui, les contemporains des Salmanassar, des Sennachérib, des Essarhaddon saluent de leur grave regard le visiteur qui contemple en eux des témoins trente fois séculaires d'une des plus remarquables civilisations du passé !

Quant à l'impression que faisaient sur les naïfs indigènes ces merveilleuses découvertes, écoutons encore le sheikh de tout à l'heure exprimer la sienne. Voici le pittoresque discours qu'il tint à Layard, pendant qu'il chevauchait à ses côtés en se rendant au Tigre :

« C'est merveilleux, merveilleux, dit-il. Il n'y a certainement d'autre Dieu que Dieu, et Mahomet est son prophète. Mais, ô bey, dis-moi, au nom du Très-Haut, qu'allez-vous faire de ces pierres? Tant de milliers de bourses dépensées pour de telles choses !.. Serait-ce réellement, comme tu le dis, toi, pour que, par leur moyen, ton peuple croisse en connaissance? ou bien, comme l'assure Sa Révérence notre Cadi, pour les transporter dans le palais de votre reine qui, avec le reste des infidèles, adorera ces idoles? Pour de la connaissance, ces images ne vous apprendront certainement pas à faire de meilleurs couteaux, de meilleurs ciseaux et de meilleures étoffes; et, pourtant, c'est en fabriquant ces objets-là que les Anglais font voir leur sagesse. — Mais Dieu est grand ! Dieu est grand ! Voici des pierres qui avaient été enfouies dès les temps du saint patriarche Noé — paix lui soit ! — peut-être étaient-elles sous terre avant le déluge. J'ai vécu dans cette contrée depuis bien des années. Mon père et le père de mon père ont planté leurs tentes ici avant moi : jamais ils n'avaient entendu parler de ces pierres. Voilà douze cents ans que les vrais croyants sont établis dans cette contrée (et Dieu soit loué, toute réelle sagesse n'a jamais été qu'avec eux !); pourtant personne n'avait jamais entendu parler de palais cachés sous terre. Mais voici : un Franc arrive, après avoir voyagé pendant bien des jours; il prend un bâton, trace une ligne ici, en trace une autre là, et dit : Un palais doit se trouver en cet endroit ; l'entrée doit en être située en cet autre, et il nous fait voir ce que pendant toute notre vie nous avions sous nos pieds sans nous en douter ! — C'est merveilleux, merveilleux, en vérité ! Est-ce par vos livres, est-ce par magie, est-ce par vos prophètes que vous avez appris ces choses ? Parle, ô bey ; dis-moi le secret de votre sagesse ! »

* * *

En 1852, Layard retourna en Angleterre, chargé de trésors et d'honneurs. Il a été remplacé, depuis, par plusieurs hommes du plus grand mérite, soit comme savants, tels que *George Smith* et *Henry Rawlinson*, soit comme explorateurs, tel que l'Arménien *Hormuzd Rassam* qui, jusqu'à ce jour, ne cesse de fouiller et de faire des découvertes toujours nouvelles dans cette Mésopotamie qui, si elle n'est pas le paradis où habitèrent nos premiers parents, est à coup sûr devenu celui des archéologues modernes. Nous retrouverons plus tard chacun de ces trois hommes dont il vient d'être question.

* * *

Fait curieux : toutes les découvertes dont nous venons de retracer succinctement l'histoire, n'ont presque jamais amené au jour que des palais royaux. On n'a trouvé, en outre, que les restes d'un ou deux temples ; mais pas un tombeau, et encore moins une seule maison particulière. Nombreux sont, en revanche, ces palais royaux. En voici le compte rapide ; ainsi qu'on va le voir, la plus grande partie d'entre eux ont été bâtis par des rois qui ont eu affaire à Israël et qui, pour cette raison, sont mentionnés dans la Bible. A Khorsabad, nous avons le palais de *Sargon* ; à Koyoundjik, le palais sud-ouest de *Sennachérib* et celui d'*Assurbanipal*, le fondateur de la fameuse bibliothèque dont nous avons parlé plus haut ; à Nebi-Yunus, un palais de *Ramanirari III*, l'un des prédécesseurs de Tiglath-Piléser II, le premier des rois assyriens que mentionne la Bible ; un autre palais de *Sennachérib*, et un palais d'*Essarhaddon* ; à Nimroud enfin, le palais nord-ouest d'*Assurnazirpal*, prédécesseur de Salmanassar II, le contemporain d'Achab et de Jéhu ; le palais central de *Tiglath-Piléser II*, et le palais sud-ouest d'*Essarhaddon*.

Un peu au sud de Nimroud, Hormuzd Rassam découvrit les deux seuls temples dont les explorateurs de Ninive fassent mention, et qui se trouvent tous deux dans le plus pitoyable état de délabrement.

* * *

Dans notre prochaine conférence, nous examinerons de plus près quelques-uns de ces palais. Nous commencerons par nous promener dans celui de *Sargon* à *Khorsabad*, pour nous faire une idée de ce qu'étaient ces habitations royales. Puis nous pénétrerons dans diverses salles d'autres palais pour leur demander ce qu'ils peuvent avoir à nous révéler à leur tour sur les mœurs et coutumes, l'histoire, la littérature et les croyances de leurs antiques habitants, le tout étudié en particulier au point de vue des lumières qui peuvent en résulter pour l'étude de la Bible. Bien souvent, dans cette revue, nous verrons une foule de passages bibliques se confirmer d'une manière étonnante autant qu'inattendue, et nous pourrons ainsi constater la vérité de cette parole de Jésus : « Si ceux-ci se taisent, les pierres mêmes crieront » (Luc 19 : 40) ; et de cette autre parole du prophète Habacuc (2 : 11) : « La pierre crie du milieu de la muraille et, d'entre la charpente, la poutre lui répond » pour proclamer la constante et glorieuse exactitude de nos saintes Ecritures.

SECONDE CONFÉRENCE.

LE PALAIS DE SARGON A KHORSABAD

SECONDE CONFÉRENCE

LE PALAIS DE SARGON A KHORSABAD

SOMMAIRE : La ville de Dur-Sarukin ; description de l'une de ses portes. — Le palais ; son orientation, ses fondements, sa terrasse. — La rampe ; la chapelle du palais, l'observatoire royal. — L'escalier double avec ses chérubins ; chérubins, aigles et lions à face ou corps humains. — Les trois parties du palais : les bâtiments économiques, le harem, le sérail. — Les bas-reliefs. Sujets qui y sont traités : commerce, scènes de guerre. — Salles de deux autres palais ; scènes de divination et de religion.

Le palais de *Sargon* à *Khorsabad* occupe une partie de l'un des côtés du grand carré, long de dix-sept cent soixante sur seize cent quatre-vingt cinq mètres de large, qui formait jadis LE MUR D'ENCEINTE de la ville de *Dur-Sarukin*, groupée autour du château royal. Cette enceinte est représentée aujourd'hui par des espèces de digues, hautes de dix mètres sur soixante-dix à quatre-vingts de large. En les déblayant, l'explorateur, M. Place, arriva au mur lui-même, construit en briques crues, et qui avait la largeur presque incroyable de vingt-quatre mètres, permettant par conséquent à sept chars d'y avancer de front. Cent cinquante-six tours ou, en comptant aussi celles qui défendaient le palais lui-même, cent soixante-dix tours, de treize mètres cinquante de façade, garnissaient de vingt-sept en vingt-sept mètres la muraille. Celle-ci s'élevait exactement à la hauteur de la terrasse sur laquelle se dressait le palais, en sorte que, de là, le roi, avec son état-major, pouvait circuler en tous sens pour diriger la défense de la ville. M. Place remarqua bientôt, dans le pourtour du mur d'enceinte, sept amas plus considérables de décombres, et devina justement qu'ils recouvraient les restes d'autant de PORTES DE LA VILLE. Chacune de ces dernières se déployait sur une largeur de quarante-neuf mètres. Quatre portes étaient très simples et servaient au parcours des chars, dont les ornières sont encore visibles aujourd'hui ; trois autres, au contraire, étaient très ornementées et l'on n'y accédait que par des marches. Toutes les sept, du reste, s'élevaient sur un soubassement au-dessus du chemin d'arrivée et de sortie qui, pour cette raison, formait un plan incliné. Cette disposition explique pourquoi la Bible dit si souvent en parlant des portes de ville en Palestine (dont la construction était en général la même que celle des portes semblables en Mésopotamie) qui l'on y « montait. » Montons nous-mêmes dans l'une de ces portes dont nous donnons le plan à la figure 4.

A chacune des entrées, nous sommes reçus par une paire de ces taureaux ailés que nous avons déjà mentionnés dans notre première conférence, et qui gardent la porte. Aussitôt après, nous nous trouvons sous une voûte élevée qui clôt le haut du passage. Ce dernier, long de soixante-sept mètres, est coupé à deux reprises par des *galeries latérales*, également voûtées. C'était dans ces galeries, garnies de divans, que, dans toute l'antiquité orientale comme cela se pratique encore aujourd'hui dans les pays du Levant, les hommes de la ville se réunissaient, ainsi que, en Occident, on se réunissait jadis au forum et l'on se réunit aujourd'hui sur la place publique. On y faisait toutes les transactions civiles ou commerciales (Gen. 34 : 20 ; Ruth 4 : 1) ; on y rendait la justice (Deut. 21 : 19 ; Amos 5 : 12, 15 ; Zach. 8 : 16); ou l'on venait tout simplement y chercher l'ombre et la fraîcheur (Gen. 19 : 1). Dans l'une de ces galeries, M. Place découvrit les restes d'un *escalier* qui, comme dans toutes les portes des villes d'Orient, conduisait à une chambre haute (2 Sam. 18 : 33), surmontée elle-même d'une terrasse, d'où les sentinelles pouvaient inspecter au loin la campagne (2 Sam. 18 :

24). Enfin, dans l'épaisseur du mur de la porte, il remarqua un espace sombre qui paraît avoir été la *prison* de la porte, comme l'indique Jérémie 20 : 2.

* * *

Passons maintenant cette porte et, par l'une des rues de la ville, dont on retrouve encore çà et là le tracé, approchons-nous du PALAIS lui-même, bâti sur la ligne de la muraille, de telle manière qu'une moitié s'avance au delà, du côté de la campagne, tandis que l'autre moitié se trouve comprise au dedans de l'enceinte de la ville (voir la figure 5).

Tout d'abord, remarquons-en l'exacte *orientation*, et la manière pratique dont cette orientation était entendue. Ce n'étaient pas les côtés mais les angles du palais qui étaient tournés vers les quatre points cardinaux. Ainsi on l'exposait le moins possible à l'action du soleil et des vents et, du même coup, on possédait dans ces angles des points de repère exacts pour se rendre compte de la marche du soleil, seule mesure dont les Assyriens disposassent pour régler les heures de leurs journées.

Les *fondements de ce palais*, aussi bien que ceux de tout autre palais assyrien, ne se trouvaient pas, comme dans nos pays, au-dessous, mais au-dessus du niveau du sol ; ils formaient, ainsi que nous l'avons vu dans la précédente conférence, une terrasse qui, pour le palais de Sargon, avait une hauteur de quatorze mètres. A ce mode de construction, il y avait un triple avantage. D'abord, il mettait à l'abri des fréquentes inondations du Tigre ; il constituait ensuite un excellent moyen de défense contre les ennemis, tant par sa hauteur que par son revêtement inférieur en belles et bonnes pierres de taille (la masse elle-même était composée de briques crues et cuites) ; enfin il permettait de respirer un air moins chargé des exhalaisons malsaines, soit brûlantes soit humides, de la plaine.

Les *dimensions de la terrasse* étaient énormes, une fidèle image de la puissance, énorme aussi, sur laquelle était fondé l'empire des rois assyriens, du moins pendant le temps durant lequel nous les voyons en rapport avec les pays bibliques. Les côtés longs, en effet, mesuraient cinq cent quarante-un mètres, les petits côtés trois cent quarante-quatre, ce qui constituait une superficie d'à peu près dix hectares, et une masse en briques de quarante millions et demi de pieds cubes ! Quel travail que la seule construction d'une pareille terrasse! et ce travail était accompli sans le secours d'aucune machine, rien qu'à force de bras d'hommes. Comment eût-il été possible, sans ces milliers et dix milliers de captifs de guerre qu'amenaient chaque année les conquérants assyriens? Parmi ces captifs, nous devrons naturellement nous représenter aussi des Israélites des Dix Tribus, emmenés en exil après la prise de Samarie (2 Rois 17 : 6). Et ce n'est pas là, sans doute, une pure supposition. Dans le palais de Sennachérib à Koyoundjik, on a trouvé une dalle sculptée, sur laquelle on voit de ces malheureux ployant sous le faix des charges d'argile qui doivent servir à élever une terrasse, et parmi eux plusieurs présentent, à ne pas s'y tromper, le type juif.

Pour monter au palais qui domine ce colossal soubassement, nous disposons de DEUX MOYENS D'ACCÈS. Choisissons d'abord la *grande rampe* (figure 5, A), qui, du côté nord-est, s'élève en pente douce sur une longueur de cent soixante-dix mètres. C'est le chemin d'honneur que prennent les chars du roi et des visi-

qu'échanger leur patrie contre un pays nouveau dans les lointains parages de l'Assyrie ou de la Babylonie, et ne comptaient pas parmi les milliers de prisonniers de guerre que le roi employait comme des bêtes de somme soit à construire, comme nous l'avons vu, ses somptueux palais, soit à creuser ou à curer — occupation souverainement malsaine — les nombreux canaux du pays. Une seule exception était faite à ces traitements barbares; c'étaient les égards relatifs que, parfois, on témoignait aux femmes captives de guerre, jusqu'à leur permettre de faire, avec leurs petits enfants, leur long et douloureux trajet sur les chars des bagages.

* * *

En quittant ces scènes militaires, nous passons à un sujet moins différent qu'il ne pourrait paraître d'abord, en pénétrant dans trois salles du palais nord-ouest de Nimroud, où se trouvent figurés des sujets de MAGIE ET DE DIVINATION. Les Assyriens avaient souvent recours à l'une et à l'autre dans toute sorte de circonstances; mais elles jouaient, dans les expéditions guerrières, un rôle spécial dont il sera intéressant de prendre note, parce que nous comprendrons mieux ainsi quelques nouvelles allusions bibliques.

Voici, par exemple (figure 15), le roi Sargon assis sur son trône et tenant à la main une coupe, dont il examine attentivement le contenu. Devant lui paraît un eunuque, reconnaissable à son visage imberbe et à ses chairs bouffies, et qui est plongé dans l'examen d'une coupe semblable. C'est la *coupe de divination*, dont les Egyptiens eux aussi faisaient usage, car nous la trouvons mentionnée dans l'histoire de Joseph (Gen. 44 : 5). Après avoir été remplie d'eau, elle servait à connaître l'avenir, d'après les figures que traçait à la surface du liquide soit un rayon de soleil, soit une petite lame d'or ou quelque pierre précieuse qu'on y jetait.

Sur d'autres bas-reliefs de ces mêmes salles on voit, à réitérées fois, le roi armé de *flèches* qui, elles aussi, ont la vertu de lui faire prendre, dans ses campagnes guerrières, les décisions les plus importantes. C'est à cette pratique superstitieuse que fait allusion Ezéchiel, lorsqu'il raconte comment le roi d'Assyrie, arrivé sur les confins de la Palestine, s'y prend pour savoir laquelle des deux villes il doit attaquer en premier lieu, de Rabba, la capitale des Ammonites ou de Jérusalem (Ezéch. 21 : 24-28). — Le prophète Osée fait également allusion à une semblable consultation par les flèches, quand il se plaint de ce que son peuple, au lieu de consulter l'Eternel, ne consulte que son « bois » (Osée 4 : 12).

* * *

Enfin des salles où sont retracées ces scènes de divination, nous passons tout naturellement dans celles qui sont consacrées à la RELIGION, c'est-à-dire à la représentation des principaux dieux assyro-babyloniens et du culte qui leur était rendu. Nous ne tardons pas à y trouver plusieurs connaissances bibliques.

C'est ainsi que nous apercevons sur ces bas-reliefs les deux idoles mentionnées en Esaïe 46 : 1, où le prophète s'écrie : « *Bel* s'écroule, *Nébo* tombe ! » C'étaient les deux principales divinités babyloniennes, également adorées en Assyrie ; la première des deux pourrait être comparée à Jupiter, l'autre à Mercure, les deux mêmes dieux que nous retrouvons en Actes 14 : 12. Puis remarquez (figure 16) que Bel est *porté en procession* en même temps qu'une autre divinité, *Istar*, la redoutable déesse de la guerre et de la volupté qui, en Canaan, prend le nom légèrement modifié d'Astarté. C'est une illustration d'un autre et beau passage de ce même chapitre 46 d'Esaïe, où le prophète oppose les dieux morts, qu'il faut porter, au Dieu vivant qui porte, lui, le peuple de ses adorateurs (Esaïe 46 : 3, 4).

Puis voici le terrible dieu de la guerre, *Nergal*, mentionné en 2 Rois 17 : 30, dieu moitié homme, moitié lion, pour figurer et l'intelligence politique qui préside aux expéditions guerrières, et l'irrésistible puissance avec laquelle elles sont menées. Détail frappant : le trône de Nergal est dans la grande cité de « Shual », qui n'est autre que le Sheôl des Hébreux, le vaste séjour des morts, que les guerres incessantes des Assyro-Babyloniens ne peuplaient que trop fidèlement.

Ailleurs, nous pourrions admirer la figure d'un autre dieu, aussi familier aux lecteurs de la Bible que fréquemment représenté sur les bas-reliefs des Assyriens et mentionné dans leurs écrits : c'est *Dagon*, le dieu au corps humain et à la queue de poisson. Les Philistins l'avaient emprunté au double peuple mésopotamien ; aussi n'est-ce qu'à propos des Philistins que la Bible mentionne ce dieu. C'est dans le temple de Dagon que, au temps de Samuel, ils placèrent l'arche de l'Eternel après l'avoir enlevée aux Israélites (1 Sam. 5 : 2) ; c'est contre son temple qu'ils attachèrent le crâne de Saül (1 Chron. 10 : 10), comme jadis c'étaient les colonnes de son sanctuaire qu'avait fait crouler Samson (Jug. 16: 30). Pour les Assyro-Babyloniens, Dagon était la personnification d'une de leurs plus bienfaisantes divinités, de Eâ qui, du sein du golfe Persique, était venu enseigner à leurs ancêtres tous les arts de la civilisation.

Bien d'autres dieux encore étaient adorés à Ninive et à Babylone ; mais au-dessus d'eux tous était la *Divinité suprême,* que les habitants primitifs de la Chaldée, avant leur séparation en Babyloniens et Assyriens, avaient appelée *Il* ou *Ilu,* un nom qui est évidemment le même que celui de « El », dont les Hébreux commencèrent à appeler Celui qui devait devenir un jour l'Eternel. Nous en présentons à nos lecteurs, dans la figure 17, la très remarquable image. Le dieu n'est représenté par la figure d'aucune créature soit humaine, soit animale. Son symbole est un disque entouré d'ailes, signifiant d'une part la perfection suprême, représentée par le cercle, la figure géométrique la plus parfaite ; et d'autre part, l'omniprésence, représentée par l'aile qui porte l'oiseau aussi rapidement que possible où bon lui semble. Ce dieu était si élevé au-dessus de la créature qu'on ne savait plus par quel culte l'atteindre. Tous les autres dieux n'étaient que des parties de son être, et toutes choses, dans le ciel et sur la terre, étaient procédées de lui. C'est donc bien, sous une forme devenue panthéistique, la notion d'un monothéisme primitif que nous trouvons ici, c'est-à-dire la croyance en un Dieu non seulement suprême, mais qui, à l'origine, a été le Dieu unique. Notion devenue bien vague au moment où nous la voyons figurée sur les bas-reliefs assyriens et qui n'est plus, alors, que comme la réminiscence lointaine, devenue presque inintelligible, de ce Dieu vrai et vivant que l'homme avait commencé à connaître au commencement ; mais notion qui persistera à travers les siècles du polythéisme jusqu'à ce que, dans leurs écoles, les prêtres la ressaisissent de plus en plus clairement et remontent lentement, quoique toujours bien imparfaitement, à la croyance en Dieu, seul et suprême Créateur de toutes choses.

Au-dessous de l'image du dieu « Il » se trouve l'*arbre de vie* dont parle la Bible aux chapitres 2 et 3 de la Genèse et au chapitre 22 de l'Apocalypse. Les Chaldéens, fait bien instructif, le représentaient non sous la forme du palmier, qui pourtant est le seul arbre de haute taille qui croisse au sud de la Mésopotamie, où nous voyons ce peuple jadis établi (et qui, en Israël, deviendra effectivement l'un des types de la vie), mais sous une forme symbolique qui rappelle clairement un conifère, c'est-à-dire un arbre toujours vert, ayant par conséquent l'apparence d'une vie qui n'a point d'interruption, et tel qu'il en croît dans les montagnes de l'Arménie, le siège le plus antique de l'humanité, d'où plus tard les Chaldéens émigrèrent au sud de la Babylonie. C'est, du reste, un nombre infini de fois que cet arbre se trouve représenté sur les bas-reliefs qui nous occupent, tant était importante et précieuse pour les Assyro-Babyloniens la croyance que, dans la communion de l'homme avec cet arbre béni et fécondé par la présence du Dieu suprême, se trouve la source intarissable de toute vraie vie.

Bien remarquables sont, on le voit, les connaissances que nous puisons dans la vue de tous ces tableaux de la vie assyrienne en temps de paix et surtout en temps de guerre. Mais bien imparfaites seraient ces connaissances, si elles n'étaient complétées et surtout commentées par la littérature des Assyriens, dont nous possédons maintenant de vraies bibliothèques, et dont nous allons essayer de rendre compte dans la conférence suivante.

TROISIÈME CONFÉRENCE

LA BIBLIOTHÈQUE D'ASSURBANIPAL

TROISIÈME CONFÉRENCE

LA BIBLIOTHÈQUE D'ASSURBANIPAL. — DÉCHIFFREMENT DE L'ÉCRITURE CUNÉIFORME ET LITTÉRATURE ASSYRO-BABYLONIENNE.

SOMMAIRE : Les tablettes cunéiformes : leur matière et leurs dimensions ; dimensions et gravure des caractères ; agencement des tablettes en bibliothèques. Cylindres et inscriptions murales. — Déchiffrement de l'écriture cunéiforme. Histoire de ce déchiffrement : Pietro della Valle, Karsten Niebuhr, Grotefend, Jules Oppert, George Smith, Henry Rawlinson. Origine de cette écriture. — Littérature cunéiforme : travaux linguistiques, documents juridiques et commerciaux, ouvrages scientifiques, astrologiques, historiques.

I

Ainsi que nous le mentionnions dans notre première conférence, la plus précieuse découverte que l'on ait faite dans la colline de Koyoundjik, est celle de la BIBLIOTHÈQUE d'ASSURBANIPAL. Elle est si considérable que, au dire d'un assyriologue, « les débris en représentent plus de cent mètres cubes ; le nombre des tablettes qui la composent s'élève à plus de dix mille, et leur contenu remplirait, dans la forme ordinaire de nos livres actuels, plus de cinq cents volumes de cinq cents pages in-4°. » (J. Menant, *La bibliothèque du palais de Ninive*, p. 30.)

Ce sont, dis-je, des *tablettes* qui composent cette bibliothèque et non des livres tels que les nôtres. Tablettes en brique cuite dont l'emploi, pour un semblable but, nous paraît bien étrange et qui pourtant, en Mésopotamie, s'imposait tout naturellement. Les Assyriens et les Babyloniens ne disposaient ni de papyrus, comme les Egytiens, ni de parchemin, comme les Grecs et les Romains ; en revanche, le sol qu'ils habitaient consiste, en majeure partie, en une argile très fine et très pure dont les Assyro-Babyloniens ont su faire le meilleur usage. Non seulement elle leur a servi à pétrir les innombrables briques avec lesquelles ils ont édifié leurs maisons, leurs palais et leurs temples ; ils en ont encore fait la matière à laquelle ils ont confié toutes leurs pensées. Et, certes, nous ne pouvons assez nous féliciter aujourd'hui de ce qu'ils aient eu recours à ce moyen. Car si déjà les sables du désert qui, depuis vingt-cinq siècles, recouvrent Ninive, étaient merveilleusement propres à conserver les ruines de cette ville avec toutes ses richesses, l'argile, nous le savons tous, résiste si bien aux deux éléments les plus destructeurs, l'eau et le feu, que, aujourd'hui encore, nos savants sont en état de déchiffrer les signes dont ces peuples la couvrirent et qui sont, en général, restés aussi nets qu'au jour où ils furent tracés.

Les tablettes qui contiennent ces signes sont de *grandeurs* très différentes. Il y en a de la taille d'un pain de savon jusqu'à celle de nos grandes briques ordinaires. De même les caractères dont sont composées ces inscriptions présentent toutes les dimensions. Les plus grands ont plus d'un demi-décimètre de hauteur ; d'autre part, il y en a de si menus qu'il en va jusqu'à cent lignes sur une tablette haute d'un décimètre et demi. Aussi faut-il une loupe pour lire ces derniers, et certainement il en a fallu une aussi pour les écrire. Effectivement on a trouvé, dans les décombres, des verres grossissants qui ont pu servir dans ce but.

Pour *graver* ces lettres, on se servait de poinçons ou stylets, comme faisaient les Romains et les Grecs quand ils écrivaient sur leurs tablettes de cire. Les poinçons assyro-babyloniens se terminaient au gros bout par une petite surface triangulaire, comme on a pu s'en convaincre par ceux qu'on a retrouvés. C'étaient donc des espèces de coins, dont on enfonçait un des angles dans l'argile encore molle, ce qui donnait aux caractères eux-mêmes une forme semblable de coins. Aussi a-t-on appelé cette écriture *cunéiforme*, c'est-à-dire à forme de « cuneus », mot latin qui signifie « coin » ou « clou. » La tablette une fois remplie, on la cuisait au four et, dès lors, le contenu en devenait ineffaçable.

Chaque tablette ne représentait qu'une page ou plutôt elle en représentait deux, car les deux faces des briques étaient couvertes d'écriture. Mais alors comment ces deux peuples composaient-ils leurs *livres ?* Le plus simplement du monde. Au bas de la seconde page d'une première tablette, ils inscrivaient le premier mot de la seconde tablette qui, elle-même, portait en tête le dernier mot de la première. Ainsi, en rangeant sur les rayons d'une bibliothèque les différentes tablettes d'un même ouvrage, il était impossible de faire des confusions. Enfin, chaque série de tablettes constituant cet ouvrage était séparée d'une série suivante par une tablette en brique ronde qui en indiquait le titre général, titre répété au bas et au haut de chaque tablette de la série, en sorte qu'on ne pouvait confondre aucune tablette d'un ouvrage avec la tablette d'un autre[1]. Ce titre consistait toujours

[1] Les divers ouvrages dont se composait la bibliothèque d'Assurbanipal étaient mis à la disposition du public, et l'on possède encore des tablettes sur lesquelles étaient inscrits les noms de ceux à qui on les prêtait, avec le nom du bibliothécaire.

dans les premiers mots de la première tablette. Ainsi, l'on possède un grand poème épique en douze chants intitulé : « Quand les dieux au commencement, » parce que c'est par ces mots que débute le poème. Cet usage était, du reste, pratiqué par d'autres peuples de l'antiquité, en particulier par les Israélites. Dans l'original hébreu de notre Pentateuque biblique, chacun des cinq livres porte pour titre le premier mot du livre. Tandis que nous désignons, par exemple, le premier livre de Moïse comme étant celui de « la Genèse, » les Israélites disaient le livre de « Au commencement, » parce que c'est ainsi que débute la Bible. Il en est de même, encore aujourd'hui, pour les bulles papales.

Les restes de la bibliothèque d'Assurbanipal ont été considérablement augmentés, de 1881 à 1882, d'une part, de tablettes d'une extrême antiquité, recueillies dans la Chaldée méridionale par M. *de Sarzec*, consul français à Bagdad ; d'autre part, de cinq mille tablettes, auxquelles sont venues s'en ajouter quarante mille autres, toutes recueillies par *Hormuzd Rassam* dans les ruines de l'antique ville de Sippara ou Sepharvaïm.

Outre les tablettes, on a trouvé, aux angles de tous les palais et autres édifices publics, des *cylin-*

dres ou barillets, également en argile, dont la grandeur atteint jusqu'à soixante centimètres et qui, comme les briques, portent toujours des inscriptions. Enfin, les *murs* et les *bas-reliefs* eux-mêmes dont ces murs sont ornés, sont couverts d'écriture.

II

On avait donc *de quoi* lire, certes ; mais *comment* lire cette écriture, bien plus étrange encore que la matière sur laquelle elle était gravée ? On ne disposait absolument d'aucune ressource pour la déchiffrer ; on ne possédait aucune pierre semblable à celle de Rosette en Egypte qui, par sa triple inscription, dont l'une était grecque, c'est-à-dire parfaitement intelligible, donna au célèbre Champollion la clef de l'écriture hiéroglyphique de l'ancienne Egypte. On peut bien dire que Dieu y a admirablement pourvu ; car, par la rencontre vraiment providentielle d'un certain nombre de savants que nous allons faire connaître à nos lecteurs, le déchiffrement de l'écriture cunéiforme a marché à peu près parallèlement avec les découvertes incessantes des explorateurs de

Ninive et de Babylone. Ce déchiffrement constitue actuellement une des conquêtes les plus merveilleuses dont notre siècle puisse se vanter, en même temps que l'une des plus pacifiques; car si elle a déjà fait couler bien des gouttes de sueur, elle n'en a pas fait couler une de sang.

Dès 1621, le voyageur *Pietro della Valle* avait découvert des inscriptions composées en cette langue sur les murs de Persépolis, l'antique résidence des rois de Perse, et en avait copié quelques signes. Il était persuadé qu'il avait affaire à une écriture. Mais cette persuasion mit bien du temps à devenir générale, même parmi les savants, car, jusqu'au milieu du dix-huitième siècle, plusieurs ne considéraient les caractères cunéiformes que comme une sorte d'ornement, jadis en usage dans ce pays. Quant aux habitants modernes eux-mêmes, ils ne voyaient, dans ces têtes de clous, que l'œuvre fantastique des génies, ou « des formules magiques dont il fallait pénétrer le sens pour découvrir un trésor caché, à la garde duquel veillaient les monstres ailés, accroupis à la porte des palais. » (Babelon, dans F. Lenormant, *Histoire ancienne de l'Orient,* tome IV, p. 26.) Ils avaient bien raison, mais dans quel autre sens que celui qu'ils pensaient !

Ce ne fut qu'en 1765 que le célèbre voyageur

Karsten Niebuhr renouvela l'avis déjà hasardé par della Valle que c'était bien là une véritable écriture. Il pensa, de plus, qu'il fallait la lire, comme nos écritures actuelles, de gauche à droite, et exprima la conviction que les inscriptions du palais de Persépolis étaient rédigées en trois langues, ainsi trilingues, et que la première de ces trois langues, en partant de gauche, devait naturellement être celle des maîtres mêmes de ces palais, c'est-à-dire l'ancien perse. Cependant tout ce qu'il se trouva encore capable de faire, en dehors de ces importantes remarques, fut de copier très exactement un certain nombre de ces inscriptions qui, du reste, lui coûtèrent la vue, et d'en abandonner la lecture à la sagacité des savants.

Près de quarante années se passèrent jusqu'à ce que, en 1802, le philologue hanovrien *George Frédéric Grotefend* publiât un mémoire qui fit faire le premier pas au déchiffrement de l'écriture qui nous occupe. Pour faire ces recherches, il avait choisi deux inscriptions très courtes de l'un des palais de Persépolis, que nous reproduisons dans les figures 18 et 19, avec la transcription de la prononciation dans la seconde ligne, et la traduction dans la troisième.

Voici comment opéra Grotefend. Ses connaissances classiques lui apprenaient que les rois de Perse commençaient invariablement les inscriptions dans lesquelles il était question de leurs propres faits et gestes, ce qui était le plus souvent le cas, par ces mots : « Un tel, roi, grand roi, roi des rois, fils d'un tel, roi. » D'autre part, il se souvint de l'observation, faite avant lui par un autre savant, qu'un certain groupe de signes qui revenait très souvent devait signifier « roi » ; il retrouva ce groupe plusieurs fois dans ses deux inscriptions, ce qui lui fit supposer dès l'abord qu'il avait affaire dans l'une et dans l'autre à ces en-tête royaux dont nous venons de parler. Enfin, il mit à profit la remarque également déjà faite que, dans les inscriptions de la première colonne, chaque groupe de signes représentant un mot était séparé du groupe suivant par un trait incliné.

Armé de ces données, il attaqua ses deux textes.

Voyant que le second mot de la première inscription était composé de ce groupe de signes qui était sensé signifier « roi, » Grotefend supposa que le premier mot de l'inscription était le nom propre du roi, nom qu'il se proposait de déterminer et qu'il désigna provisoirement par X, soit *X roi*.

Il désigna ensuite le premier mot de la seconde inscription, qu'il vit également suivi du mot qui devait signifier « roi, » par Y, comme représentant un autre nom de roi, soit *Y roi*.

Puis, dans la seconde inscription, à la place où, d'après la formule constante : « un tel, roi, fils d'un tel, roi, » devait se trouver le nom du père du roi, il retrouva le même groupe de signes que celui par lequel commençait la première inscription, suivi de l'autre groupe de signes auquel on attribuait le sens de « roi, » ce qui donnait :

X roi. . . . .
Y roi, fils de X roi.

Enfin, il remarqua que, dans la première inscription, à la place où la même suite de la formule royale appelait le nom du père du roi, le groupe de signes censé représenter le nom de ce père, n'était pas suivi du groupe qu'on faisait équivaloir à « roi. » De là, la formule complète :

X roi, fils de Z. . . . .
Y roi, fils de X roi.

Ces deux inscriptions, avons-nous dit, avaient été

prises sur l'un des palais de Persépolis, bâtis, on le savait, par les rois de la famille des Achéménides. Or, dans cette famille, il n'y a eu que deux princes qui n'aient pas eu pour père un roi, c'est Cyrus, fils de Cambyse, et Darius, fils d'Hystaspe. Dans la suite des suppositions de Grotefend, *X* devait donc être soit l'un, soit l'autre. Mais ce ne pouvait être Cyrus, car, comme le montre la formule, *X* a pour père *Z*, mais pour fils *Y*, chacune de ces lettres représentant un nom propre différent. Or, le père et le fils de Cyrus ont porté le même nom de Cambyse. *X* ne pouvait donc être que Darius, fils d'Hystaspe, et père de Xerxès.

Recherchant alors avec soin la prononciation qu'avaient ces trois noms en hébreu et dans les anciennes langues perse et grecque, Grotefend lut :

X = D-a-r-h-v-u-sch.
Y = Kh-sch-h-a-r-sch-a.
Z = V-i-sch-t-a-s-p.

La suite prouva qu'il ne s'était trompé que pour une seule lettre, le *i* qu'il avait pris pour une *h* ; et que, ainsi, à forces d'hypothèses hardies et de combinaisons ingénieuses, le savant allemand avait découvert, du coup, huit lettres de l'alphabet cunéiforme de la première des inscriptions trilingues de Persépolis, celle qui était rédigée en langue perse. Désormais, le déchiffrement de cette inscription devenait possible, et il allait marcher d'autant plus rapidement que, entre temps, la connaissance du *zend* et du *pehlvi*, les deux idiomes les plus rapprochés de l'antique langage des Persans orientaux avait, grâce au génie du linguiste français, *Eugène Burnouf*, fait des pas de géant.

* * *

Le déchiffrement des deux autres colonnes des inscriptions trilingues de Persépolis était plus difficile. On ne tarda pas, en effet, à y reconnaître un alphabet beaucoup plus étendu que n'était celui de la première colonne, ainsi qu'un système très compliqué de syllabes ; de plus, les mots n'étaient pas, dans la troisième colonne du moins, séparés les uns des autres par un signe distinctif. Cependant ce déchiffrement fut facilité par le fait qu'on y découvrit peu à peu les mêmes noms propres (il y en avait plus de quatre-vingt-dix) que dans la colonne perse, ce qui confirma l'espoir qu'on avait eu dès l'abord que le contenu des trois colonnes était le même. On savait, en effet, par l'histoire, que les rois de Perse avaient l'habitude de procéder dans leurs proclamations comme le fait encore aujourd'hui le gouvernement turc en Mésopotamie, où il publie ses communications officielles dans les trois langues parlées par ses sujets, le turc, l'arabe et le perse. Nous en avons, du reste, pour ce qui concerne la Perse ancienne, la preuve dans le livre d'Esther, où nous lisons à trois reprises (Est. 1 : 22 ; 3 : 12 ; 8 : 9) que « des lettres royales furent envoyées à toutes les provinces du royaume, à chaque province selon son écriture et à chaque peuple selon sa langue. »

On arriva peu à peu à se rendre compte que la langue de la seconde colonne était celle de la *Médie*, celle-là même que parlaient les anciens Accadiens, auxquels nous reviendrons tout à l'heure. Quant à la langue de la troisième colonne, elle acquit aussitôt une immense importance, dès qu'on eût compris par quel peuple elle avait été parlée, car elle n'était autre, en effet, que celle qui se trouvait reproduite sur les murs et les briques de Ninive : c'était l'*assyro-babylonien*. Aussi s'appliqua-t-on tout particulièrement à cette dernière, et cela avec un zèle d'autant plus grand que, bientôt après qu'on eut commencé à la déchiffrer, on en constata le caractère sémitique et, par conséquent, son étroite parenté avec les deux idiomes parfaitement connus de l'hébreu et de l'arabe.

Mais que de difficultés linguistiques de tout genre, trop spéciales pour qu'il y ait de l'intérêt à les détailler ici, embarrassèrent peu à peu le chemin des savants à mesure qu'ils avançaient dans cette étude ! Heureusement Dieu suscita toute une lignée d'hommes dont la sagacité et la patience parvinrent à triompher successivement de toutes ces impossibilités apparentes. Pour les premiers temps du déchiffrement, il faut nommer en particulier *George Smith* qui, de simple lithographe-graveur, s'éleva, avec une rapidité merveilleuse, au premier rang des assyriologues ; *Jules Oppert*, l'une des gloires actuelles du Collège de France ; et tout particulièrement le colonel *Henry Rawlinson*, lui aussi encore en vie. Pendant plusieurs séjours en Mésopotamie et dans les contrées avoisinantes, il fit à lui seul et sans le concours de personne, toute la série de découvertes concernant le déchiffrement des trois espèces d'écriture cunéiforme qui, depuis Grotefend, avait illustré en Europe les noms de toute une noble compagnie de savants. En 1851, il découvrit, sur une immense paroi de rocher, à *Behistoûn* dans le Kourdistan, une très longue inscription, dans les mêmes trois langues dans lesquelles étaient composées les inscriptions de Persépolis. Il la copia, la lut et la traduisit après des efforts et avec une intelligence qui touchent au prodige. Les résultats auxquels il arriva furent sensiblement les mêmes que ceux qu'avaient obtenus les savants en Europe. Aussi, pour convaincre l'opinion publique encore très incrédule au sujet du déchiffrement de l'écriture cunéiforme, trop rapide, semblait-il, et trop merveilleux pour mériter confiance, il s'unit à trois assyriologues, *Jules Oppert*, à Paris, l'Irlandais *Edward Hinks* et l'Anglais *Fox Talbot*, pour tenter, en 1857, une expérience qui devait être décisive. Chacun des quatre se fit donner par les Directeurs du Musée britannique de Londres une copie identique de l'un des cylindres trouvés à Ninive ; ils la traduisirent séparément l'un de l'autre et, après un mois, envoyèrent leurs mémoires au comité chargé de les comparer : les quatre traductions concordaient admirablement, du moins pour le fond ! Dès lors, la cause de l'assyriologie était gagnée, et cette jeune science allait avancer maintenant avec un courage tout nouveau ; courage couronné, depuis, du plus complet succès, car, après moins de quarante ans, les savants allemands, anglais et français sont capables aujourd'hui de lire l'écriture cunéiforme aussi facilement que toute autre langue de l'antiquité orientale.

Un fait qu'ils n'ont pu constater pleinement que depuis une vingtaine d'années, c'est que l'écriture cunéiforme était primitivement hiéroglyphique, comme était celle des anciens Egyptiens et comme est celle des Chinois ; c'est-à-dire qu'elle commença par peindre plus ou moins nettement les objets eux-mêmes dont elle voulait désigner l'état ou l'action. Ce ne fut que plus tard (mais déjà antérieurement au vingt-cinquième siècle avant notre ère), que ces images dégénérèrent jusqu'à devenir les signes conventionnels de l'écriture cunéiforme, qui ne rappelaient plus l'objet que de loin, et n'en retenaient plus que le son primitif. Ainsi l'image grossière mais bien reconnaissable du pied représentait originairement l'acte d'*aller* qui, dès la plus ancienne période de la langue, se dit *gin* ou *du*. Plus tard, cet hiéroglyphe devint un groupe cunéiforme consistant en deux coins horizontaux, le supérieur simple, l'inférieur composé, contre lesquels vint s'appuyer un coin vertical, groupe qui n'a plus rien de commun avec l'image du pied, mais se lit aussi *du* ou *gin*.

Cette découverte se trouve en rapport avec une

autre. On sait maintenant que cette écriture a eu pour premier auteur, non les Assyro-Babyloniens, mais une nation et même une race entièrement différente et bien plus ancienne, les *Accadiens*, d'origine kouschite. Dès l'antiquité la plus reculée, ils avaient habité la Médie d'où, trois mille cinq cents à quatre mille ans avant Jésus-Christ, ils avaient émigré dans la Mésopotamie méridionale. Après une série de siècles, ils y léguèrent leur civilisation et leur écriture aux conquérants, en partie sémites, qui les y supplantèrent, et qui devinrent dans la suite le double peuple mésopotamien dont nous nous occupons.

III

Et maintenant que l'écriture cunéiforme est devenue intelligible, qu'est-ce que les assyriologues sont déjà parvenus à y lire? On peut dire : les productions de presque toutes les sciences connues des anciens, ainsi que nous allons nous en convaincre.

Tout d'abord, on a trouvé des TRAVAUX SUR LA LANGUE elle-même, travaux si précieux que, sans eux, nos savants ne seraient jamais arrivés à déchiffrer l'écriture dans laquelle elle est exprimée. Voici, par exemple, des *grammaires*, en partie si élémentaires que certainement elles auront servi dans les écoles assyro-babyloniennes. Et à ce propos, je mentionnerai la trouvaille d'une tablette sur laquelle un enfant avait commencé un thème dont, vingt-cinq siècles plus tard, nos assyriologues, à défaut du régent ninivite, ont pu corriger les fautes. Puis viennent des *syllabaires*, expliquant les mots difficiles par des expressions plus usitées ; enfin des *dictionnaires*, définissant en particulier les mots vieillis de l'accadien par des termes plus récents, c'est-à-dire assyriens ; exactement comme des dictionnaires qui expliqueraient en français moderne le vocabulaire du temps de Charlemagne.

* * *

Avec des aides semblables, on a pu aborder toutes les difficultés de la langue, en particulier de celle que parlaient les siècles primitifs de la Chaldée et dans laquelle sont écrits tant d'importants documents. On a pu même s'attaquer aux expressions techniques, employées dans les transactions civiles et administratives, qui fournissent des renseignements aussi abondants que curieux sur la vie intime des Assyro-Babyloniens. Ainsi on a trouvé et l'on a pu déchiffrer des DOCUMENTS COMMERCIAUX ET JURIDIQUES, tirés en nombre considérable des deux bibliothèques publiques de Ninive et de Sepharvaïm. Voici des *contrats de vente et d'achat* soit de maisons soit d'esclaves, contrats portant tous l'empreinte du cachet des parties contractantes, remplacée par trois coups d'ongle quand le cachet faisait défaut. Voilà des *contrats de prêt d'argent*, qui prouvent que, alors déjà, il y avait des usuriers, car on a trouvé la mention d'emprunts contractés au taux du 25 %. Puis encore des *testaments* rédigés en bonne et due forme, ou des *jugements* rendus dans des procès entre particuliers. Au bas de l'un de ces jugements, on lit cette formule significative dont la portée n'est pas seulement assyrienne : « Si quelqu'un n'écoute pas sa conscience, le juge n'écoutera pas non plus son droit. » Enfin voici de vrais *chèques* et *billets à ordre*, entre autres signés de la maison « Egibi et frères. » Ce mot d'Egibi ne doit être autre chose que la prononciation chaldéenne du nom de Jacob, autrement dit d'une famille israélite qui, depuis l'exil, s'était établie à Babylone. Il y avait donc, alors déjà, des banquiers israélites !

Et tous ces documents sont sur briques ; les contrats en particulier se présentent *en partie double*, le texte d'un libellé gravé sur une brique de la grandeur et de la forme d'un pain de savon se trouvant reproduit sur une enveloppe également en terre cuite. Le libellé original une fois enfermé dans son double, ce n'était naturellement plus que le texte inscrit sur ce dernier qui pouvait être lu. Mais s'il était mis en suspicion, on n'avait qu'à briser l'enveloppe, et l'on trouvait comme confirmation le texte primitif.

* * *

Puis viennent les nombreuses tablettes où se trouvent consignées les CONNAISSANCES SCIENTIFIQUES des Assyro-Babyloniens. Ainsi les *sciences naturelles*, soit la zoologie, la botanique, la minéralogie, se trouvent largement représentées dans la bibliothèque de Ninive. Mais quelle manière primitive de traiter ces sciences ! Quelles classifications ! Voici compris, dans une même famille « les loups, les chiens et les lions, parce que tous trois sont carnassiers. Parmi les oiseaux, on distingue ceux au vol rapide d'avec les oiseaux de mer ou de marais. Les insectes sont classés, suivant qu'ils attaquent les plantes, les animaux, les vêtements ou le bois. Les végétaux sont rangés suivant leur utilité pratique, et il en est de même pour les minéraux. » (J. Menant, *La bibliothèque du palais de Ninive*.) Il n'en est pas moins important de constater l'intention d'établir des familles, des genres et des espèces, c'est-à-dire l'esprit scientifique, dans ses rudimentaires mais réels débuts.

Une branche des connaissances particulièrement cultivée par les Assyro-Babyloniens était celle qui avait pour objet les astres ; non d'abord en vue d'établir une science de l'astronomie qui n'en est résultée que bien tard, mais afin de lire dans les étoiles les destinées de la nation, ou la conduite à tenir par les individus dans les diverses circonstances de la vie ; en d'autres termes, la science de l'*astrologie* à laquelle était intimement unie celle de la *magie*. Vraiment innombrable est la quantité de tablettes qui traitent de ce double sujet, et l'on finit, en les parcourant, par être presque épouvanté à la pensée de l'écrasante servitude dans laquelle l'observation aussi minutieuse qu'incessante des préceptes astrologiques et magiques retenait les meilleurs esprits de ces deux peuples.

* * *

On cherchait, dis-je, à connaître par les astres les destinées des nations. Non pas cependant que les rois assyriens et chaldéens, tout en les consultant assidûment, ne se laissassent diriger que par eux dans leur politique générale ou dans leurs expéditions guerrières, et ne consultassent tout aussi souvent, dans ce dernier cas en particulier, leurs conseils de guerre. Témoins certaines *dépêches militaires* qui nous sont parvenues, témoin surtout les *documents historiques* qui, soit sous la forme de récits consignés sur les tablettes et les cylindres, soit sous celle d'inscriptions sur les murs et les taureaux des palais, abondent partout et, avec les *documents géographiques* dont plusieurs ont été également retrouvés, nous font connaître la façon dont les Assyro-Babyloniens concevaient le monde, et comment ils en traitaient les habitants.

Et quelle révolution la découverte de ces documents n'a-t-elle pas amenée dans notre manière de rédiger aujourd'hui l'histoire des deux peuples mésopotamiens ! Nos anciens livres d'école ne connaissaient bien que trois personnages : Ninus, Sémiramis sa femme, et Sardanapale. Aujourd'hui nous savons que les deux premiers n'ont jamais existé, et quant au troisième, si certains traits qui sont rapportés de lui demeurent historiques, ce dernier roi d'Assyrie, qui du reste s'appelait Assur-edil-ilani, a été certes bien autre chose que le voluptueux fainéant qu'on nous présentait. Au lieu de ces maigres et faux récits d'autrefois, quelle riche et magnifique histoire les inscriptions cunéiformes ne nous ont-elles pas révélée ! Il nous faudrait bien des heures pour en parcourir le contenu. Nous n'en détacherons que quelques faits, plus particulièrement intéressants au point de vue auquel nous nous sommes placé dans ces conférences, car ils éclairent d'un jour tout nouveau bien des parties de l'histoire d'Israël.

* * *

Ainsi, dans les pages où elle traite d'*Abraham*, la Genèse intercale, au chapitre quatorzième, un épisode où il est raconté que *Kedor-Laomer*, *roi d'Elam*, assisté de quatre autres rois de la Babylonie et des contrées avoisinantes, vint faire une invasion dans le pays des rois de Sodome et de Gomorrhe, qu'il fit rentrer dans l'obéissance. Ce récit, que si souvent on avait traité de mythe, se trouve aujourd'hui entièrement confirmé par les inscriptions cunéiformes. Elles nous apprennent l'existence, au vingt-troisième siècle avant Jésus-Christ, de plusieurs rois d'Elam, dont l'un s'appelle Kedor-Mabuck et un autre Kedor-Nakundi ; noms dont la ressemblance avec celui de Kedor-Laomer autorise évidemment à admettre que ce dernier appartenait à la même dynastie[1]. En l'an 2280, c'est-à-dire 1635 ans avant un roi d'Assyrie qui, dans ses annales, donne expressément cette date, ces rois élamites avaient envahi la Babylonie et s'en étaient rendu tributaire le roi, en même temps qu'ils soumettaient les rois de plusieurs contrées avoisinantes. Avec le concours de ces vassaux, ils avaient étendu leurs conquêtes jusqu'à la Méditerranée, en se déclarant seigneurs et maîtres de tous les pays situés entre cette mer et la Chaldée, par conséquent aussi du pays de Sodome et de Gomorrhe. Du même coup que l'historicité du quatorzième chapitre de

[1] Et cela d'autant plus que *Laomer* devrait proprement se lire, d'après le texte hébreu lui-même, Lagomer ou Lagamar, qui était le nom d'un dieu élamite.

la Genèse, se trouve ainsi fixée la date de l'existence d'Abraham qui, ainsi que nous le savons, fut si directement engagé dans cette expédition des rois élamites, par le secours qu'il alla porter à Lot fait prisonnier par eux. Du reste, cette date qui est, comme nous le disions, le vingt-troisième siècle avant Jésus-Christ, avait depuis longtemps été placée aux environs du vingtième siècle.

Même la sortie du patriarche hors d'Ur de Chaldée se trouve ainsi historiquement expliquée ; car l'invasion des Elamites dans ce dernier pays eut pour résultat l'exode général des Sémites qui y habitaient et auxquels les Elamites en voulaient surtout, exode auquel le Sémite Abraham dut naturellement prendre part avec toute sa famille. Quant à sa vocation divine, indépendante des événements politiques, nous savons que ce n'est qu'à Charran qu'il la reçut (Gen. 12 : 1 suiv.).

* * *

Passons les siècles. Entre temps, l'empire babylonien, qui avait remplacé la domination des Elamites, s'est effacé lui-même devant celui qui, dès le dix-septième siècle avant Jésus-Christ, a grandi en Assyrie. Durant toute l'*époque des Juges*, des rois conquérants se succèdent dans ce dernier pays, si bien que l'un d'entre eux, *Tiglath Piléser I*er, va porter, au temps de Samuel, ses armes triomphantes jusqu'à Tyr, mais en se contentant de toucher la frontière septentrionale de Canaan. Cependant l'empire assyrien, lui aussi, décline et, pendant un temps assez long, il se trouve à sa tête une suite de rois impuissants qui rappellent les « rois fainéants » de l'ancienne histoire de France. Or, nous savons maintenant, grâce à la comparaison devenue possible entre les dates du royaume d'Assyric et celles du royaume israélite, que c'est précisément pendant ce temps que *David*, encouragé encore par une décadence semblable survenue en Egypte, put étendre son empire jusqu'à l'Euphrate et que, pendant tout le règne de *Salomon*, ces lointaines frontières de son royaume ne cessèrent pas d'être respectées par les Assyriens.

Nos lecteurs n'auront pas de peine à nous croire quand nous leur dirons que ce fut avec un intérêt croissant que les assyriologues déchiffrèrent successivement dans les inscriptions de Ninive les noms que la Bible nous a rendus si familiers, de rois d'Israël tels que Omri, Jéhu, Achab et Ménahem, et de rois de

Juda tels que Achaz, Ezéchias, Manassé. Partout et toujours ces savants ont trouvé les détails que donne l'Ecriture sur les rapports du peuple juif avec les rois assyriens confirmés par les annales de ces derniers. En même temps celles-ci ont si bien complété les données bibliques, qu'un jour nouveau et profondément instructif s'est fait depuis sur l'extension, bien autrement grande encore qu'il ne paraît par l'Ecriture, de cette désastreuse politique d'alliance, soit avec l'Assyrie, soit avec d'autres royaumes de ce monde contre l'Assyrie, à laquelle le peuple de Dieu, toujours incrédule et rebelle, se laissa de plus en plus entraîner, au mépris de tant d'avertissements des prophètes, qui ne se lassaient d'essayer de le ramener à l'alliance seule efficace avec Jéhovah, son tout-puissant protecteur. Aussi *Salmanassar II, Tiglath-Piléser II, Salmanassar IV, Sennachérib, Essarhaddon,* tous ces rois assyriens qui eurent affaire avec Israël, se dressent aujourd'hui comme des témoins irrécusables pour affirmer, par les relations détaillées de leurs nombreuses expéditions en Syrie et en Palestine, que l'Ecriture est véridique jusque dans ses moindres allusions historiques, et mérite d'être considérée, même par la science de l'histoire profane, comme un document de la plus haute valeur; et, de fait, elle est de plus en plus traitée comme tel par tous les historiens sérieux et impartiaux qui se sont occupés de l'Assyrie et de la Babylonie.

* * *

D'autre part, ces mêmes inscriptions nous permettent de constater, mieux que cela n'était possible jadis, à quel point les prophéties bibliques se sont trouvées admirablement accomplies, lorsqu'elles annoncent que l'Assyrie, en particulier, après avoir été le « bâton » dont l'Eternel se servirait pour frapper son peuple, serait à son tour brisée et rejetée à toujours. C'est par la constatation de ces accomplissements que nous terminerons cette conférence.

Tous les rois d'Assur, à l'envi, attribuent, dans leurs inscriptions, leurs succès à leurs divinités, et leur en rendent gloire avec une dévotion qui peint bien l'esprit de ce peuple, en tout temps aussi religieux qu'il était cruel et impitoyable en temps de guerre. Ils ne savaient pas qu'il y avait un Dieu, plus puissant que tous leurs dieux, qui seul leur accordait toutes ces victoires ; mais qui, quand ils abusèrent de leur pouvoir, sut leur prouver qu'il était aussi puissant pour les abaisser que pour les élever. Car l'Eternel n'est pas seulement le Dieu particulier d'Israël, mais encore le Souverain de toutes les nations, l'arbitre et le juge suprême de tous leurs faits et gestes. Pour l'apprendre à l'Assyrie, Dieu avait commencé par lui adresser, à l'un de ces moments critiques qui se retrouvent dans l'histoire de chaque peuple, mais pour n'y paraître qu'une ou deux fois, un appel solennel et vraiment inouï à l'humiliation nationale. Les annales de l'Assyrie nous sont maintenant suffisamment familières pour que nous lui connaissions entre autres, après le règne de Salmanassar II et de trois de ses successeurs dont l'histoire biblique ne parle pas, une nouvelle décadence semblable à celle qui l'avait atteinte du temps de David et de Salomon. Ce fut alors, c'est-à-dire vers la fin du neuvième siècle avant notre ère, que, selon l'avis général sinon unanime des assyriologues, le prophète *Jonas* dut aller à Ninive pour y prêcher la pénitence. Il fut écouté, car à ce moment l'empire était assez faible pour que, avec son roi, il se sentît disposé à voir dans sa faiblesse un jugement divin, et dans l'appel du prophète un bien solennel avertissement pour l'avenir. Mais la pénitence ne dura que le temps pendant lequel persista cette faiblesse du royaume, c'est-à-dire jusqu'à l'avènement d'un usurpateur de génie, *Phul*, qui, plus tard, quand il se fut emparé du trône, prit le nom de *Tiglath-Piléser II*[1]. Depuis ce roi, non seulement les conquêtes reprirent de plus belle pour s'étendre sans interruption sous *Salmanassar IV* et *Sargon II*, mais l'orgueil et la cruauté des envahisseurs allèrent grandissant jusqu'à ne plus connaître de bornes.

Cette immense infatuation d'un pouvoir que la nouvelle dynastie croyait illimité, atteint son point culminant en *Sennachérib*. Ce ne sont plus seulement les peuples que ce roi traite avec le dernier mépris, ce sont aussi leurs dieux, en particulier le Dieu d'Israël. De la part de Sennachérib, son « Rabschaké » ou premier ministre adresse au peuple de Jérusalem ces paroles, insultantes avant tout pour Jéhovah lui-même : « Qu'Ezéchias ne vous séduise point, en disant : L'Eternel nous délivrera. Les dieux des nations ont-ils délivré chacun son pays de la main du roi d'Assyrie ? Où sont les dieux de Hamath et d'Arpad ? où sont les dieux de Sepharvaïm ? ont-ils délivré Samarie de ma main ? Parmi tous les dieux de ces pays, quels sont ceux qui ont délivré leur pays de ma main, pour que l'Eternel délivre Jérusalem de ma main ? » (Esaïe 36 : 18-20.) Aussi est-ce bien tout

[1] Comme, dans notre siècle, *Bonaparte* prit, en devenant empereur, le nom de *Napoléon*.

d'abord comme un défi jeté à Dieu que le roi de Juda, Ezéchias, considère la provocation que lui envoie par lettre le roi assyrien. Dans sa prière, il adresse à l'Eternel ces magnifiques paroles : « Eternel des armées, Dieu d'Israël, assis sur les chérubins ! C'est toi qui es le seul Dieu de tous les royaumes de la terre, c'est toi qui as fait les cieux et la terre. Eternel, incline ton oreille et écoute ! Eternel, ouvre tes yeux et regarde ! Entends toutes les paroles que Sennachérib a envoyées pour insulter au Dieu vivant ! Il est vrai, ô Eternel, que les rois d'Assyrie ont ravagé tous les pays et leur propre pays, et qu'ils ont jeté leurs dieux dans le feu ; mais ce n'étaient point des dieux, c'étaient des ouvrages de main d'homme, du bois et de la pierre ; ainsi ils les ont anéantis. » (Esaïe 37 : 15-19.)

Et c'est bien comme une insulte qui lui est faite à Lui que l'Eternel, à son tour, envisage la conduite de Sennachérib ; aussi lui jette-t-Il, par la bouche du prophète Esaïe, ces paroles d'un suprême dédain : « Qui as-tu insulté et outragé ? contre qui as-tu élevé la voix ? Tu as haussé tes regards jusqu'au Saint d'Israël, et par tes valets tu as insulté le Seigneur ! Aussi, parce que tu te montres furieux contre moi et que ton arrogance est montée à mes oreilles, je mettrai ma boucle à tes narines et mon mors entre tes lèvres, et je te ferai retourner par le chemin par lequel tu est venu! » (Esaïe 37: 23, 29.)

Dès lors le jugement de destruction est prononcé sur l'empire assyrien. Il s'abattra d'abord sur Sennachérib, en attendant qu'il s'accomplisse définitivement un siècle plus tard. Nous connaissons tous, par la Bible, l'anéantissement de l'armée assyrienne sous les murs de Jérusalem, la veille même du jour où le conquérant comptait prendre d'assaut cette ville (Esaïe 37: 36). Mais nous possédons de plus aujourd'hui, dans la propre relation du roi ninivite, un précieux document qui, quoique d'une manière indirecte, n'en confirme pas moins le récit biblique aussi catégoriquement que possible.

On a trouvé, en effet, dans la bibliothèque d'Assurbanipal une tablette sur laquelle Sennachérib raconte ses campagnes en Palestine. Après avoir mentionné toutes sortes de prises de villes et de soumissions de rois, il continue ainsi :

« ... Pour ce qui est d'Ezéchias, roi de Juda, qui ne s'était pas soumis à mon joug, je lui pris quarante-six villes fermées ainsi qu'une quantité innombrable de forts et de bourgs, en en faisant l'assaut avec des engins de guerre de tout genre. J'emmenai comme butin deux cent mille cent cinquante hommes et femmes, grands et petits, des chevaux, des mulets, des ânes, des chameaux, des bœufs et des brebis sans nombre. Lui-même fut enfermé dans Jérusalem sa capitale, comme un oiseau dans sa cage, et des tours élevées autour d'elle l'empêchèrent de sortir par la grande porte de la ville.... Et lui, Ezéchias, une puissante crainte de ma souveraineté le saisit.... Il me paya un tribut, trente talents d'or et huit cents talents d'argent[1], des rubis et d'autres pierres précieuses, un lit (incrusté) d'ivoire, des peaux et des défenses d'éléphant, des bois précieux de toute espèce, de riches trésors, ses filles, les femmes de son palais, ses serviteurs et ses servantes : tout cela il me l'envoya à Ninive, le siège de ma souveraineté. »

Fort bien ! mais la prise de Jérusalem, son unique objectif, il n'en fait aucune mention ; il ne signale pas même une seule flèche lancée dans la ville ! Si donc il parle, *après* la mention de l'investissement de Jérusalem, d'un tribut que lui paya Ezéchias et qui a l'air de faire croire à la chute de la capitale juive, ce tribut ne figure à cette place que par une supercherie de rédaction. Le « bulletin de la grande

[1] La Bible dit (2 Rois 18 : 14) : « trois cents talents d'argent. » Or, il a été prouvé qu'il existait à cette époque un talent dit « léger » et un talent dit « pesant, » et que le rapport entre ces deux espèces de talents était précisément celui de 8 à 3, ce qui fait absolument concorder les deux récits correspondants de Sennachérib et de l'Ecriture.

armée » assyrienne dont nous venons de prendre connaissance ne pouvait, comme tout bulletin de ce genre, mentionner un désastre tel que celui qu'avait éprouvé l'armée de Sennachérib sous les murs de Jérusalem. D'autre part, le roi ne pouvait mentir au point d'affirmer qu'il avait pris la ville. Pour se tirer d'affaire, il a arrangé les faits du mieux qu'il a pu. Le tribut qu'Ezéchias, dans un moment de faiblesse, lui avait envoyé *avant* l'investissement de la ville, comme le raconte l'Ecriture (2 Rois 18 : 13-16, comp. avec 18 : 17 et suiv.), Sennachérib le place *après*, et ainsi son honneur est sauf ! Mais il a beau faire : sans même avoir besoin de comparer son récit avec celui de la Bible, son insuccès contre Jérusalem se lit suffisamment entre les lignes de sa propre relation ; il ne peut le nier ni même entièrement le cacher. Et de cet insuccès colossal, nous en savons, nous, la cause divine et miraculeuse.

C'était trop peu, cependant, pour l'Eternel, d'infliger à l'Assyrie un si terrible châtiment de son orgueil impie. Il fallait encore qu'il pût être bien constaté que c'était de l'Eternel que venait ce châtiment, et de Lui aussi tous les coups dont le Dieu juste et vengeur avait désormais résolu de frapper l'empire ninivite jusqu'à son entière destruction. Cette constatation s'est effectuée d'une manière vraiment digne de Celui qui, seul, connaît d'avance et dispose de loin tous les événements. Dieu a suscité trois prophètes chargés de *prédire* la ruine de l'Assyrie, et tous trois l'ont fait au moment où, selon toutes les apparences, l'Assyrie était à l'apogée de sa puissance. C'est d'abord *Esaïe* qui, lorsque l'armée de Sennachérib a investi Jérusalem et que tout semble perdu pour cette ville, profère de la part de l'Eternel ces paroles : « N'as-tu pas appris que J'ai préparé ces choses de loin, et que Je les ai résolues dès les temps anciens ? Maintenant J'ai permis qu'elles s'accomplissent, et que tu réduisisses des villes fortes en monceaux de ruines.... Mais Je sais quand tu t'assieds, quand tu sors et quand tu entres, et quand tu es furieux contre moi » (Esaïe 37 : 26, 28). Et le prophète ajoute que parce que Sennachérib est furieux contre l'Eternel, lui, l'Eternel le ramènerait chez lui de la façon la plus humiliante, ainsi que nous l'avons vu plus haut. Bien plus, dans une série d'autres prophéties, Esaïe annonce, — un siècle à l'avance, — le remplacement de l'empire assyrien par celui de Babylone qui pourtant, de son temps, était aussi abaissé que possible, et qui, cent ans plus tard, sous Nabopolassar, détruisit en effet Ninive.

C'est ensuite *Sophonie* qui, trente ans avant cette destruction, l'annonce également et cela sous le règne du tout-puissant Assurbanipal. Enfin, avant Sophonie déjà, c'est surtout *Nahum* qui non seulement élève à son tour la voix contre Ninive, soixante ans avant sa ruine, mais qui le fait au moment où Essarhaddon, père d'Assurbanipal, vient de détruire l'empire égyptien et voit tous ses ennemis à ses pieds. C'est en ce moment, dis-je, que Nahum annonce la ruine de Ninive en des termes si précis que, lorsqu'elle arriva, chacun dut reconnaître dans l'accord frappant de la prophétie avec les circonstances dans lesquelles elle se réalisa, une intervention du Tout-Puissant dont Nahum avait été le serviteur.

En effet, malgré tous ses succès extérieurs, Assurbanipal légua à son fils *Assur-edil-ilani*, le Sardanapale que nous connaissions par l'histoire, un empire où tous les éléments de dissolution étaient déjà à l'œuvre. A peine Assurbanipal fut-il mort que de proche en proche tous les Etats, soumis ou rendus tributaires au prix de tant de sang, se soulevèrent. Bientôt il ne resta plus à Assur-edil-ilani que sa ville de Ninive, contre laquelle ne tardèrent pas à marcher *Nabopolassar* de Babylone et *Cyaxare* de Médie. Mais brave et décidé à ne livrer sa capitale et sa couronne qu'à la dernière extrémité, le roi d'Assyrie comptait particulièrement sur une ancienne prophétie, d'après laquelle Ninive ne tomberait que si le fleuve du Tigre devenait son ennemi. Or le Tigre était si admirablement endigué, les murailles de la ville du côté du fleuve étaient si fortes et les terrasses de palais si élevées que rien, certes, ne paraissait à craindre sous ce rapport. Et voici que, au moment où Mèdes et Babyloniens s'avancent contre Ninive, le Tigre déborde avec une telle puissance qu'il rompt toutes ses digues, fait crouler les murs de la ville et entame les terrasses du palais. Alors, mais alors seulement, Assur-edil-ilani perdit courage, car les dieux mêmes étaient contre lui. Il se brûla avec ses femmes et ses trésors au milieu de son palais, et Cyaxare et Nabopolassar n'eurent pas de peine à s'emparer de la ville, qu'ils consumèrent par cet incendie dont, après vingt-quatre siècles, les explorateurs de Ninive retrouvent partout les traces.

Or, écoutons ce que déclare Nahum. Voici d'abord comment, soixante ans, je le répète, avant l'événement, il annonce l'arrivée des Mèdes et des Babyloniens dont les soldats portaient un uniforme rouge comme ceux des Assyriens, les restes de couleur qu'on a retrouvés sur les bas-reliefs en font preuve : « Un destructeur est en marche contre toi... le bouclier de ses guerriers est peint en rouge, ses hommes d'armes sont vêtus d'écarlate.... Malheur à la ville de sang qui ne cessa de piller ! C'en est fait, Ninive est détruite! » (Nah. 2: 2, 4; 3: 1, 7.) Le prophète sait aussi que, après avoir pillé la ville, les ennemis la détruiront par le feu: « Le feu te détruira, s'écrie-t-il, il dévorera les barres de tes portes et tous tes chars de guerre s'en iront en flammes! » (Nah. 3: 13, 15; 2: 14). Surtout, il sait que ce sont les eaux du Tigre qui feront crouler la ville et en amèneront la reddition: « Par un fleuve débordant, lisons-nous, l'Eternel détruira entièrement cette ville, » et plus loin: « Les portes du fleuve s'ouvrent et le palais s'écroule! » (Nah. 1: 8; 2: 7.)

* * *

En rappelant toutes ces prophéties et leur étonnant accomplissement, nous ne sommes pas sorti, nos lecteurs l'auront compris, du sujet de ces conférences. Car si les prophéties de la Bible font paraître dans leur vrai jour tous ces événements dont nous nous sommes entretenus, comment le feraient-elles, si ces événements n'étaient connus? Or, qu'est-ce donc qui les a révélés, si ce n'est la découverte des tablettes assyro-babyloniennes qui les racontent?

Qu'est-ce qui confirme aujourd'hui soit les prophéties d'un Esaïe, d'un Nahum, d'un Sophonie, soit les récits des livres historiques de la Bible qui se rapportent aux Assyriens et aux Babyloniens, sinon les résultats des fouilles de Ninive ?

Notre siècle ne se rend plus qu'à des faits, et il a mille fois raison. Mais quand des faits lui sont produits qui, à trois mille ans de distance et de la manière la plus désintéressée, ne cessent de confirmer la sainte Ecriture, les récusera-t-il parce que, en les acceptant, il devrait accepter du même coup la merveilleuse exactitude de la Parole de Dieu, et par conséquent la créance qu'elle mérite ? Il faudrait pour cela un parti pris dont l'incrédulité, avec son dogmatisme à rebours, est bien capable sans doute ; mais il faudrait du même coup renoncer, je ne dis pas seulement à toute droiture, mais encore à toute prétention scientifique. Car ce qui caractérise le savant c'est que, devant des faits bien et dûment constatés, il s'incline et conclut dans le seul sens dans lequel toute science réelle puisse conclure, celui de l'impartiale obéissance à la vérité.

QUATRIÈME CONFÉRENCE

SUITE ET FIN DE LA LITTÉRATURE ASSYRO-BABYLONIENNE
DÉCOUVERTES MODERNES EN BABYLONIE

QUATRIÈME CONFÉRENCE

I. SUITE ET FIN DE LA LITTÉRATURE ASSYRO-BABYLONIENNE. — II. DÉCOUVERTES MODERNES EN BABYLONIE.

SOMMAIRE : I. Suite et fin de la littérature cunéiforme : Sujets poétiques et religieux. — Les légendes chaldéennes de la création, de la chute, du déluge.

II. Découvertes modernes en Babylonie : Etat actuel de la plaine babylonienne septentrionale. — Découverte d'une série de villes dans cette plaine : Sépharvaïm, Babylone. — La plaine babylonienne du sud ou Chaldée proprement dite. — Restes de canalisation. — Découverte de plusieurs villes, parmi lesquelles Warka ou Erech, et Mugheïr ou Ur de Chaldée, patrie d'Abraham. — Conclusion.

Pour achever de parcourir les différents sujets traités dans la littérature cunéiforme dont les restes sont parvenus jusqu'à nous et se trouvent déjà déchiffrés, il nous reste à parler, d'abord des produits *poétiques* des Assyro-Babyloniens, puis de leurs compositions *religieuses*. Les premiers consistent à peu près exclusivement dans des morceaux *épiques* et des pièces *lyriques*. Le contenu de celles-ci est toujours religieux ; nous les retrouverons par conséquent lorsque nous examinerons les croyances du double peuple qui nous occupe, en tant que ces croyances se trouvent exprimées dans leurs écrits. Quant aux morceaux épiques, ils se réduisent jusqu'à présent aux fragments d'un grand poème, divisé en douze chants d'après les douze signes du zodiaque, et relaté sur douze grandes briques, du moins à en juger d'après le nombre des fragments retrouvés. Voici la trame de cette épopée, telle qu'on a essayé de la reconstituer et qui est, de beaucoup, le plus ancien de tous les poèmes épiques que le monde ait produit.

Deux dieux, *Dumuzi* (celui qu'Ezéchiel nomme *Thammuz* (Ezéch. 8 : 14) et que les Grecs appelleront *Adonis*) et son épouse *Istar* (l'Astarté des Cananéens et de la Bible, la divinité de l'amour reproducteur) régnaient sur la Chaldée méridionale ou le pays de Sumer, dont Erech était la capitale. A la mort de Dumuzi, les Elamites s'emparent du royaume et dépossèdent la reine veuve. C'est alors qu'un chasseur, depuis longtemps réputé pour sa valeur (il avait entre autres, écrasé un jour un lion entre ses bras, haut fait bien souvent reproduit, comme nous l'avons vu, sur les bas-reliefs qui décoraient l'entrée des palais assyriens), vient au secours des Sumériens. Son nom est provisoirement lu *Izdubar* par les assyriologues, mais n'est probablement pas autre que celui de Nemrod (Namrutu) que nous connaissons par la Bible (Genèse 10 : 9).

Il s'associe le voyant *Eabani* et, à eux deux, ils parviennent à renverser la domination élamite. La reconnaissance de la nation fait monter Izdubar sur le trône et Istar, ravie d'amour pour le libérateur, lui propose de l'épouser. Le héros repousse cette offre et, s'étant attiré par là le courroux de la déesse, il est forcé de défendre sa vie contre un taureau furieux que le dieu du ciel, sur les instances d'Istar, a lancé contre lui et qu'Izdubar tue avec le secours d'Eabani et d'une troupe de guerriers. Alors Istar prend la résolution de descendre au séjour des morts, pour essayer d'en soulever les redoutables puissances contre Izdubar. Cet épisode est des plus curieux. Istar passe les sept portes de l'enfer, mais non sans laisser à l'entrée de chacune d'elles un de ses vêtements jusqu'à ce qu'elle arrive, nue et honteuse, devant Ninkigal, la reine du séjour des morts, qui se plaît à infliger à sa rivale, la déesse de l'amour et de la vie, toutes les humiliations. Mais bientôt l'absence d'Istar a pour conséquence, sur la terre, la cessation de tout engendrement et de toute joie, si bien que les dieux se hâtent de la redemander à Ninkigal, qui doit bien la rendre, mais en refusant à Istar toute assistance contre Izdubar.

Enfin celle-ci obtient du dieu du ciel qu'il frappe son ennemi d'un ulcère malin, épreuve rendue plus poignante encore pour Izdubar par la mort violente de son ami Eabani. Pour obtenir sa guérison, Izdubar se décide à aller à la recherche de son aïeul *Hassisadra* qui, en récompense de sa piété, a été enlevé vers les dieux. Nous verrons dans la suite de cette conférence qu'il correspond au Noé biblique, avec lequel la légende chaldéenne a fusionné Hénoch. Izdubar apprend qu'il habite au delà du golfe Persique, dans la terre fabuleuse des bienheureux, et va l'y trouver. C'est là qu'il lui entend faire le récit du déluge que nous retrouverons plus loin. Izdubar s'en retourne guéri d'auprès de Hassisadra et retourne au pays de Sumer pour y pleurer Eabani. Celui-ci, après son trépas, n'a pu être reçu au séjour des morts. Un sort meilleur lui était réservé : sur l'ordre des dieux, il est transporté au séjour des élus qu'habite Hassisadra.

* * *

Ainsi qu'on vient de le voir et comme en toute épopée postérieure, l'élément religieux prédomine dans l'histoire merveilleuse d'Izdubar. Elle nous amène donc tout naturellement à l'étude du dernier des sujets de la littérature cunéiforme dont il nous reste à nous occuper, sujet qui, plus que tout autre, a droit à un intérêt particulier de notre part : celui qui se rapporte aux NOTIONS RELIGIEUSES des Assyriens et des Babyloniens ou, plus exactement des Babyloniens (ou Chaldéens) d'abord, auxquels les Assyriens ont emprunté ces notions plus tard. Car quoique les textes où elles se trouvent consignées aient été, pour la plupart, trouvés dans la bibliothèque d'Assurbanipal à Ninive, ils n'y étaient que parce que le conquérant assyrien était allé les prendre en Chaldée. C'est dans ce dernier pays que sont les origines de tous les éléments principaux qui se trouvent à la base de la vie collective des hommes : l'origine des nations, l'origine des langues, l'origine des religions et l'origine de toute littérature qui s'occupe de ces questions.

Or les idées religieuses des Chaldéens sont si multiples et si complexes qu'il est absolument impossible d'en donner, en quelques pages, un aperçu quelque peu complet. Aussi nous contenterons-nous de relever un petit nombre de leurs doctrines les plus frappantes.

Nous avons déjà parlé des indices bien remarquables, quoique assez vagues, de la croyance en une *divinité suprême*, qu'on retrouve dans certaines de leurs représentations. Ces restes du monothéisme primitif avaient fait place, dans le cours des temps, non seulement à un polythéisme toujours plus développé, mais encore à un vrai panthéisme qui changeait en divinités tous les phénomènes de la nature ; divinités le plus souvent redoutables, comme le sont en particulier dans la Chaldée méridionale tant de phénomènes naturels, à la merci desquels ses anciens habitants se trouvaient livrés. Il en était résulté chez eux une sorte de terreur religieuse, qui avait provoqué peu à peu un développement vraiment effrayant de la magie et de la sorcellerie, par lesquelles on cherchait à prévenir le courroux des dieux malfaisants et à s'assurer le secours des divinités favorables. De là était née une abondante littérature de *conjurations* et d'*incantations magiques*, dont voici du moins deux spécimens, dont le premier se rapporte aux mauvais esprits, l'autre aux maladies malignes et aux méchantes gens [1] :

1. Ils sont sept ! ils sont sept !
Sept ils sont dans les abîmes de l'océan,
Sept ils sont, les destructeurs du ciel !
Ils sont montés des abîmes de l'océan, des lieux les plus cachés.
Ils ne sont pas mâles, ils ne sont pas femelles,
Ils s'étendent [en travers des routes des hommes] comme des chaînes.
Ils n'ont pas de femmes, ils n'engendrent pas d'enfants ;
Ils ne connaissent ni respect ni bienfaisance,
N'exaucent ni prières ni supplications.
Vermine issue de la montagne,
Ennemis d'Eâ [2],
Ils sont les instruments de la colère des dieux.
Trouble-paix des passants, ils se tiennent couchés sur les chemins.
Les ennemis ! les ennemis !
Ils sont sept ! ils sont sept ! ils sont sept fois sept !
Esprit du ciel, qu'ils soient conjurés !
Esprit de la terre, qu'ils soient conjurés !

[1] Ces spécimens sont tirés des *Etudes accadiennes*, de F. Lenormant. — [2] Le dieu suprême de la terre.

2. La peste et la fièvre qui dévastent le pays,
Le mauvais démon, le méchant *alal*, le méchant *gigim*,
L'homme méchant, le mauvais œil, la méchante langue,
Pour qu'ils ne s'attachent pas à moi,
Ne me causent jamais de mal,
Ne soient jamais à mes trousses,
N'entrent point dans ma maison ni ne circulent dans ma charpente,
Conjure-les, esprit de la terre !
Conjure-les, esprit du ciel !
Esprit de Bel[1], roi du pays, conjure-les!
Esprit de Belit[2], reine du pays, conjure-les !
Esprit d'Adar[3], champion puissant de Bel, conjure-les !
Esprit de Nébo[4], grand messager de Bel, conjure-les !
Esprit de Sin[5], premier-né de Bel, conjure-les !
Esprit d'Istar, maîtresse des armées célestes, conjure-les !
Esprit de Rimmon[6], roi dont la voix est bienfaisante, conjure-les !
Esprit du Soleil, roi de justice, conjure-les !
Esprits des archanges terrestres, grands dieux, conjurez-les !

[1] Le dieu national de la Chaldée. — [2] L'épouse de Bel. — [3] L'Hercule chaldéen. — [4] Le Mercure chaldéen. — [5] Le dieu de la Lune. — [6] Le dieu du tonnerre.

* * *

Cependant, sous ces couches épaisses de la superstition des masses, s'était conservé un élément de religiosité plus pur, soigneusement entretenu dans les écoles des prêtres, ce dont bien des tablettes cunéiformes fournissent la preuve. C'est ainsi que, dédoublant le Dieu suprême Il ou Ilu, on adorait en *Bel* le créateur de toutes choses, et en *Eâ* la providence des hommes. Et entre Eâ et les hommes nous apprenons à connaître un médiateur qui est bien la figure la plus sympathique du panthéon chaldéen et, comme Eâ, n'est jamais représenté par aucun symbole matériel. C'est celui qu'on adorait sous le nom de *Silik-Mulukhi* (littér : celui qui ordonne tout bien pour les hommes) et de *Mérodach* ou *Maruduk*. Il est toujours bon pour les humains, comme l'est son père Eâ lui-même. Aussi souvent qu'il les voit souffrir, il s'approche de Eâ pour implorer son secours en leur faveur. Lui seul connaît tous les secrets de son père, et celui-ci lui révèle ou plutôt lui communique le « Nom » ineffable, puissance irrésistible devant laquelle doit fléchir « tout ce qui est dans le ciel, sur la terre et sous la terre » (nous citons des expressions chaldéennes), et par laquelle le fils triomphe de toutes les puissances hostiles aux hommes. Ne nous semble-t-il pas entendre ici comme des préludes à l'Evangile ? Silik-Mulukhi n'est-il pas, plus de trois mille ans avant Jésus-Christ, une étonnante figure de ce Fils du Dieu vivant, par le « nom » duquel sont sauvés tous ceux qui ont confiance en lui (comp. Actes 4 : 12) ? Et combien d'hymnes dans lesquelles le secours de ce médiateur est invoqué avec ferveur par la piété des Assyro-Babyloniens !

* * *

En général, le sentiment religieux de ces derniers, comme on s'en sera déjà convaincu par tout ce qui précède, était extrêmement développé. Mais fait bien caractéristique, leur *culte* reste essentiellement formaliste et n'exerce aucune action appréciable sur la conduite morale. Voilà pourquoi la notion de rétribution des œuvres bonnes et mauvaises, tout en se retrouvant dans les châtiments et récompenses de la vie présente, ne s'étend pas au delà de cette existence. Bons et méchants s'en vont également au séjour des morts, afin d'y subir un sort semblable pour tous. Néanmoins l'idée de résurrection ne fait pas défaut, car au fond du « shual » (le schéol des Hébreux, c'est-à-dire le séjour des morts) existe une eau cachée de la vie, qui rend à l'existence terrestre tous ceux qui parviennent à en boire.

Une seule exception doit être faite à ce que nous venons de dire de l'absence de préoccupation morale dans les chants religieux des Assyro-Babyloniens, exception d'autant plus intéressante que non seulement elle est unique chez ce double peuple, mais qu'elle manifeste avec force ce qu'il y a de plus profond dans la conscience humaine : le sentiment très vif du péché et la souffrance qu'engendrent les conséquences de la transgression de la volonté divine. Nous voulons parler de toute une série de *psaumes* (liturgiques pour la plupart) *de pénitence*, qui remontent au vingt-cinquième siècle avant Jésus-Christ, ainsi plusieurs siècles avant Abraham, et dont quelques-uns figureraient dignement à côté de psaumes du même genre de David. En voici un exemple[1] :

[1] Traduit par F. Lenormant dans ses *Etudes accadiennes*.

Strophe I

Seigneur, la violente colère de ton cœur, qu'elle s'apaise ;
Le Dieu que je ne connais pas, qu'il s'apaise,
La Mère déesse que je ne connais pas, qu'elle s'apaise ;
Le Dieu qui connaît l'inconnu, qu'il s'apaise,
La Mère déesse qui connaît l'inconnu, qu'elle s'apaise.

Antistrophe I

Que le cœur de mon Dieu s'apaise,
Que le cœur de ma Mère déesse s'apaise,
Mon Dieu et ma Mère déesse, qu'ils s'apaisent ;
Le Dieu irrité contre moi, qu'il s'apaise,
La Mère déesse irritée contre moi, qu'elle s'apaise.

Strophe II

Mes transgressions !...... [1]
Mes transgressions !....
....

Antistrophe II

Le nom propice de mon Dieu....
Le nom propice de ma Mère déesse...

[1] Les points de suspension indiquent que la tablette est brisée en cet endroit.

Le nom propice du Dieu qui connaît l'inconnu......
Le nom propice de la Mère déesse qui connaît l'inconnu....

Strophe III

Je mange des aliments [de colère],
Je bois des eaux [d'angoisse] ;
De la transgression envers mon Dieu, sans le savoir je me nourris,
Dans le manquement à ma Mère déesse, sans le savoir je marche.

Antistrophe III

Seigneur, mes fautes sont très grandes, très grands mes péchés,
O mon Dieu, mes fautes sont très grandes, très grands mes péchés,
O ma Mère déesse, mes fautes sont très grandes, très grands mes péchés ;
Dieu qui connais l'inconnu, mes fautes sont très grandes, très grands mes péchés,
Mère déesse qui connais l'inconnu, mes fautes sont très grandes, très grands mes péchés.

Strophe IV

Je fais des fautes en ne le sachant pas,
Je commets des péchés, en ne le sachant pas,

Je me nourris de transgressions, en ne le sachant pas,
Je marche dans le manquement en ne le sachant pas.

ANTISTROPHE IV

Du Seigneur, dans la colère de son cœur, la face s'est enflammée contre moi,
Le Dieu, dans la fureur de son cœur, m'a accablé,
La Mère déesse, irritée contre moi, me trouble amèrement ;
Le Dieu qui connaît l'inconnu, m'oppresse,
La Mère déesse, qui connaît l'inconnu, m'exténue.

STROPHE V

Je suis prosterné et personne ne me tend la main,
Je me tais en pleurant, et nul ne saisit ma main ;
Je crie [ma prière] et personne ne m'entend,
Je suis exténué, languissant, et personne ne me délivre.

ANTISTROPHE V

Je m'approche du Dieu qui fait miséricorde et je prononce des lamentations brûlantes,
Je baise les pieds de ma Mère déesse et je prononce des lamentations brûlantes,
Je m'approche du Dieu qui connaît l'inconnu et je prononce des lamentations brûlantes,
Je baise les pieds de la Mère déesse qui connaît l'inconnu et je prononce des lamentations brûlantes.

Strophe VI

Seigneur, [sois propice]....
Mère déesse, [sois propice]....
Dieu qui connais l'inconnu, [sois propice]...
Mère déesse qui connais l'inconnu, [sois propice]...

Antistrophe VI

Jusques à quand, ô mon Dieu...
Jusques à quand, ô ma Mère déesse...
Jusques à quand, ô Dieu qui connais l'inconnu, l'emportement de ton cœur...
Jusques à quand, ô ma Mère déesse qui connais l'inconnu, l'emportement de ton cœur contre moi...

Strophe VII

[Le destin] de l'humanité [est fixé et personne ne le connaît],
Les hommes qui portent mon nom, comment pourraient-ils le savoir ?
S'il a blasphémé ou s'il a agi pieusement, personne ne le sait.
Seigneur, tu ne rejetteras pas ton serviteur !

Antistrophe VII

Au milieu des eaux de la tempête, viens à son secours, prends sa main.
Je commets des péchés, — tourne-les en piété !

Je commets des fautes, — que le vent les enlève !
Mes blasphèmes sont très nombreux, — déchire-les comme un voile !

STROPHE VIII

O mon Dieu, mes péchés sont sept fois sept; absous mes péchés !
O ma Mère déesse, mes péchés sont sept fois sept ; absous mes péchés !
Dieu qui connais l'inconnu, mes péchés sont sept fois sept ; absous mes péchés !
Mère déesse qui connais l'inconnu, mes péchés sont sept fois sept ; absous mes péchés !

ANTISTROPHE VIII

Absous mes fautes, dirige celui qui se soumet à toi !
Ton cœur, comme celui d'une mère qui a enfanté, qu'il s'apaise ;
Comme celui d'une mère qui a enfanté et d'un père qui a engendré, qu'il s'apaise !

Hélas, ces psaumes si spirituels et si touchants ne sont qu'un phénomène passager, un météore brillant qui disparaît rapidement et, après sa disparition, fait paraître plus noires encore les ténèbres païennes dans lesquelles les Assyro-Babyloniens finissent par être plongés, comme tous les autres peuples de la terre antérieurs au christianisme.

* * *

Il nous reste, pour clore cette mention de quelques-unes des manifestations du sentiment religieux dont font preuve les tablettes de Ninive, à parler de quelques LÉGENDES qui présentent, l'une d'entre elles surtout, les rapports les plus instructifs avec les traditions correspondantes de la Genèse.

Voici d'abord *la légende chaldéenne de la création du monde et de la chute primitive* des hommes. Ou plutôt, ce n'est pas de création qu'il faut parler, mais de simple formation de la terre et des cieux. La Bible seule connaît et proclame le fait que Dieu est non seulement l'ordonnateur, mais encore et surtout l'origine première et libre de toutes choses. Chez les Assyro-Babyloniens, ce sont différents dieux qui, successivement, donnent une forme aux éléments déjà existants. Quant aux hommes, c'est Eâ qui les appelle à la vie, et cela encore par l'intermédiaire de son fils Silik-Mulukhi ou Maruduk.

Cependant le monde une fois organisé, l'horrible Tiamât, personnification du chaos primitif, d'où les dieux ont tiré les cieux et la terre en domptant Tiamât, réussit à rompre ses liens, et cherche à ramener le monde sous son pouvoir en devenant le tentateur des hommes, qu'il parvient à faire tomber dans la désobéissance. Il redeviendrait le maître, si Maruduk n'engageait avec lui une lutte terrible, que les Assyro-Babyloniens ont bien souvent représentée sur leurs bas-reliefs, et à l'issue de laquelle, aidé de toutes les armées célestes, Maruduk finit par précipiter Tiamât dans l'abîme [1].

Quant au *sabbat* ou repos de Dieu qui, dans le récit biblique, clôt l'œuvre de la création et devient le modèle du sabbat humain, les Assyro-Babyloniens le connaissaient si bien qu'ils le désignaient par le même mot de « sabattu » et le faisaient revenir quatre fois par mois.

Mais c'est la légende chaldéenne du *déluge* qui, de beaucoup, ressemble le plus au récit correspondant de la Genèse et, par cette ressemblance même, nous permet, mieux que toute autre, de nous rendre compte de l'origine des traditions primitives de la Bible. Voici cette légende, telle que l'assyriologue George Smith la découvrit et la déchiffra en 1872, sur la onzième tablette de ce poème épique en douze chants dont nous parlions plus haut, ce même poème inti-

[1] Comparez la reproduction de cette antique légende dans le livre apocryphe, *Bel et le Dragon*.

tulé : « Quand les dieux au commencement, » dont il a été question dans la troisième conférence. Nous en donnons la traduction telle que M. de Pressensé l'a reproduite d'après les assyriologues allemands Schrader et Haupt :

« Le récit est fait à Izdubar par Xisouthros (ou Hassisadra), le roi chaldéen. Les dieux lui annoncent un prochain déluge : Quitte ta maison, lui disent-ils, et bâtis un vaisseau ; conserve en vie et porte dans le vaisseau que tu construiras toute espèce de semence de vie. Quand j'entendis cela, poursuit le vieux roi, je dis à Eâ, mon seigneur : O mon Seigneur, quand je construirai le vaisseau que tu m'as commandé de faire, le peuple et les anciens se riront de moi ! Mais Eâ me commanda d'exécuter son ordre et me dit à moi, son serviteur : Ne ferme pas la porte du vaisseau derrière toi, avant que le temps vienne où je t'avertirai. Alors entre et transporte dans le vaisseau tes provisions de blé, tous tes biens, ta famille, tes serviteurs et tes servantes, et tes plus intimes amis. J'enverrai vers toi le bétail des champs, les animaux sauvages de la campagne, afin qu'ils soient gardés derrière la porte du vaisseau.

» Suit la description de la construction du vaisseau, qui fut soigneusement enduit de bitume à l'intérieur et à l'extérieur comme l'arche de Noé, puis le récit continue :

» Tout ce que je possédai, je le réunis, je le portai sur le vaisseau : tout mon or, tout mon argent, et toute sorte de semence de vie ; tous mes serviteurs mâles et femelles, le bétail des champs, les animaux sauvages de la campagne, et mes plus intimes amis ; je les y fis tous monter. Quand le soleil eut amené le moment déterminé, une voix dit : Au soir, les cieux pleuvront une pluie de destruction ; monte dans le vaisseau et ferme la porte derrière toi, le temps marqué est venu ; au soir, les cieux pleuvront une pluie de destruction *pour détruire les pécheurs* et la vie. J'attendis avec angoisse le coucher du soleil ce jour-là, le jour où je devais commencer ma navigation. J'avais peur, mais je montai dans le vaisseau et fermai la porte derrière moi pour clore le vaisseau.

» La lutte des éléments déchaînés par les dieux est décrite d'une manière très pathétique. Elle se termine ainsi : L'inondation du dieu de la tempête s'élève jusqu'au ciel ; toute lumière est changée en ténèbres.... Le frère ne cherche pas son frère, les hommes ne s'inquiètent plus les uns des autres ; les dieux mêmes s'effraient du déluge et fuient dans le ciel du dieu Anou ; les dieux s'accroupissent aux treillis du ciel comme un chien sur sa couche. La déesse Istar crie comme une femme en travail ; l'auguste déesse crie à haute voix : Ainsi tout est changé en limon, comme je l'ai prédit aux dieux. J'ai prédit ce malheur aux dieux et annoncé ce combat de destruction contre mes hommes. Mais moi je n'enfante pas mes hommes pour qu'ils remplissent la mer comme du fretin ! Alors les dieux pleurèrent avec elle à cause des esprits des grandes eaux ; ils pleurèrent accroupis en un même lieu en tenant leurs lèvres fermées ; six jours et sept nuits, le vent, les flots et l'ouragan se maintinrent. Au septième jour s'arrêta le déluge qui avait combattu comme une puissante armée ; la mer se retira dans son lit, la tempête et l'inondation cessèrent. Et moi, je parcourais la mer, me lamentant de ce que les demeures des hommes étaient converties en limon ; les cadavres flottaient partout comme des troncs d'arbres.

» L'incident de la fenêtre ouverte et des oiseaux lâchés ne manque pas au récit : Je pris un pigeon et le laissai s'envoler, dit Xisouthros ; il vola çà et là, mais ne trouvant pas de lieu où se poser, il revint au vaisseau. Puis je pris une hirondelle et la laissai s'envoler ; elle vola çà et là, mais ne trouvant pas de lieu où se poser, elle revint au vaisseau. Puis je pris un corbeau et le fis envoler ; il s'envola et vit la diminution des eaux, il s'avança en marchant avec précaution dans l'eau, mais il ne revint pas. Alors je fis tout sortir vers les quatre vents. J'offris un sacrifice et bâtis un autel sur le sommet de la montagne. Je rangeai, sept par sept, les vases mesurés, et j'étendis dessous des roseaux, du bois de cèdre et de genévrier. Les dieux sentirent le parfum, les dieux sentirent un doux parfum, les dieux s'assemblèrent comme des mouches autour du sacrifice.

» Le récit s'achève par un grand débat entre les dieux. Bel, le dieu suprême, se montre d'abord courroucé de la construction de l'arche ; il cède enfin aux sollicitations du dieu Eâ qui s'exprime ainsi : Tu es le puissant prince des dieux ; mais pourquoi as-tu agi sans réflexion et amené le déluge ? *laisse le pécheur expier son péché et le blasphémateur son blasphème ;* mais lui, Xisouthros, sois-lui propice ; qu'il ne soit pas détruit, aie pitié de lui afin qu'il reste en vie. Alors Bel se calma et entra dans le vaisseau ; il prit ma main, dit Xisouthros, et me fit lever ; il fit aussi lever ma femme et mit sa main dans la mienne. Il se tourna vers nous, se plaça entre nous et prononça cette bénédiction : Jusqu'ici tu as été un homme mortel ; mais maintenant sois élevé avec ta femme au rang des dieux[1]. »

[1] De Pressensé : l'*Ancien monde et le christianisme*, p. 39 et suiv.

Bien des *différences* d'avec le récit biblique auront sans doute frappé nos lecteurs dans ce récit chaldéen du déluge. Ainsi la Bible non seulement met en évidence, avec insistance et à réitérées fois, le fait de la corruption, devenue générale parmi les hommes, comme cause de leur destruction par les eaux, mais encore et partout elle montre l'Eternel comme un Dieu justement vengeur. La relation cunéiforme indique bien au début, mais comme en passant, que le déluge est un châtiment des hommes : « Je détruirai, dit le dieu Bel, auteur du cataclysme, je détruirai les pécheurs et la vie ; » et à la fin du récit, Eâ dit à Bel ces paroles significatives : « Laisse le pécheur porter le poids de son péché, et le blasphémateur le poids de son blasphème. » Mais cette manière de voir est étrangement mélangée avec cette autre, d'après laquelle le déluge finit par ne plus apparaître que comme une bévue cruelle de Bel, pour laquelle il est vertement tancé par les autres dieux. Et à travers tout le récit, que de traits grossiers, grotesques même ! Quelle différence avec la simplicité pleine de dignité, avec l'élévation morale du récit biblique, où la grandeur du Dieu unique et saint forme un si grand contraste avec la multiplicité des dieux chaldéens, si tristement humains dans leurs sentiments contraires !

Cependant les *ressemblances* entre les deux récits sont encore plus frappantes que leurs dissemblances. Elles proclament un fait désormais certain : Si la tradition du déluge se trouve dans nos bibles, c'est qu'Abraham l'a emportée de Mésopotamie où il la possédait en commun avec les Chaldéens, et ses descendants l'ont transmise à Moïse. Et alors de deux choses l'une : Ou bien le souvenir primitif du déluge s'est conservé, vrai et pur, dans la famille monothéiste d'Abraham, depuis Sem jusqu'à lui, sans jamais subir l'altération toujours croissante qu'a éprouvée ce souvenir au milieu de la race de plus en plus polythéiste à laquelle appartient cette famille. En ce cas, une pareille conservation doit être considérée, par tout esprit non prévenu, comme manifestement providentielle. Ou bien Abraham a emporté avec lui la tradition babylonienne telle quelle, et elle ne s'est clarifiée que plus tard au sein du peuple juif. En ce cas, l'intervention de Dieu et de son Esprit est encore plus évidente. Car une si étonnante clarification au milieu de peuples aussi plongés dans le plus abject paganisme que l'étaient ceux avec qui Israël ne cessa de se trouver en contact intime, d'où serait-elle venue sinon d'en haut ?

Et cette remarque que nous faisons à propos de la comparaison entre les récits chaldéen et biblique du déluge, nous la faisons également et dans la même mesure pour les traditions de la création, de la chute et d'autres doctrines touchant la condition primitive de l'homme, que nous rencontrons et pourrons encore rencontrer d'une part en Mésopotamie, de l'autre en Israël.

HISTOIRE
DES DÉCOUVERTES MODERNES FAITES EN CHALDÉE
ET EN PARTICULIER A BABYLONE

Il n'est pas facile de trouver sur le globe entier une image plus complète et plus saisissante de la désolation que ne l'est la vaste plaine qui, de Bagdad au golfe Persique, s'étend entre le Tigre et l'Euphrate sur une longueur d'une centaine de lieues, et une largeur de trente environ. Dans cette plaine babylonienne, telle qu'elle se présente aujourd'hui, tout est plat, tout est jaune, tout est sec ; tout est solitude et silence. Seuls, quelques bois de palmiers apparaissent de loin en loin au bord des deux fleuves. Il n'y a d'autres habitants que les bêtes du désert ou, çà et là, une horde de bédouins, presque aussi sauvages que ces bêtes. En fait de villes, rien que les ruines de celles qui y existaient il y a quelques milliers d'années.

Et pourtant ce sont ces ruines mêmes qui font de cette terre de désolation l'une des plus puissamment attrayantes qu'il soit possible de visiter, plus intéressante même, à certains égards, que la terre assyrienne ; car nous nous y trouvons transportés en partie jusqu'au passé le plus reculé de l'histoire non seulement des Babyloniens, mais de l'humanité elle-même.

Comme les ruines de Ninive, celles de la Babylonie ont été l'objet de fouilles, mais d'une manière beaucoup moins suivie et moins étendue que ne l'a été la capitale assyrienne. Nous pourrons donc nous contenter de les mentionner au fur et à mesure que cela sera nécessaire pour être complet dans le récit des découvertes qui en sont résultées, et nous aurons lieu alors d'expliquer pourquoi elles ne pouvaient être que ce qu'elles ont été.

La première des ruines chaldéennes, que le point de vue auquel nous nous sommes placé dans ces conférences nous amène à considérer en descendant d'Assyrie en Babylonie, est celle de la ville qui, dans la Bible, est appelée *Sepharvaïm*, et, dans les inscriptions cunéiformes, *Sippara*. Il n'y a que huit ans que l'emplacement en a été retrouvé par Hormuzd Rassam. C'était une ville fameuse dans l'antiquité, une ville double, comme celle de Buda-Pesth en Hongrie, par exemple, dont l'une des moitiés renfermait le sanctuaire le plus ancien du dieu Soleil, l'autre un sanctuaire tout aussi vénéré du « dieu » Lune, la principale divinité de la Chaldée antique. On a cru les reconnaître en « Adrammélek et Anammélek, dieux de Sepharvaïm, » dit le second livre des Rois, en l'honneur desquels ceux de Sepharvaïm, transportés avec d'autres peuples en Samarie, par le roi d'Assyrie leur vainqueur, brûlaient leurs enfants par le feu. (2 Rois 17 : 31.)

C'était, de plus, une ville littéraire, comme l'indique déjà le nom de « Sepharvaïm » qui signifie « la double ville des études ; » d'études si anciennes que c'est là que, avant le déluge, le Noé de la légende chaldéenne reçut l'ordre d'ensevelir tous les livres qui y avaient été composés jusqu'au grand cataclysme. Quatre mille ans plus tard, Assurbanipal en transporta la majeure partie à Ninive et, deux mille ans après la riche récolte qu'y avait faite le conquérant assyrien, nous avons vu Rassam y glaner ses quarante-cinq mille tablettes.

* * *

Depuis Sepharvaïm, quelques lieues seulement nous séparent d'une autre ruine, la plus vaste et la plus riche en intérêt historique, nous voulons parler de BABYLONE. A quatre-vingt-dix kilomètres au sud de Bagdad se trouve, sur les bords de l'Euphrate, la petite ville de *Hillah*, avec dix mille habitants, la plupart mahométans. Cet endroit est situé à peu près au centre de ce qui fut jadis la capitale de la Chaldée, aujourd'hui représentée par un groupe de quelques ruines qui s'étendent jusqu'à quatorze kilomètres au nord de Hillah, à dix kilomètres au sud de cette ville, et à dix-neuf ou vingt kilomètres à droite et à gauche de l'Euphrate. (Fig. 20.)

Ce fut pour les explorer que, en 1852, le gouvernement français qui, à la même époque, occupait déjà MM. Botta et Place à Ninive, organisa une mission scientifique dont la direction fut confiée à *Fulgence Fresnel*, ancien consul à Djeddah, près la Mecque ; il était assisté de *Jules Oppert*, alors déjà connu comme assyriologue, et du dessinateur *Félix*

Thomas. Les résultats furent satisfaisants, mais presque uniquement en ce sens que Jules Oppert surtout parvint à déterminer exactement le site de l'immense ville, et la destination primitive de quelques-unes des ruines. On y recueillit un certain nombre d'objets qui s'augmentèrent considérablement dans une reconnaissance que poussa l'expédition jusque dans les environs de Ninive. Malheureusement la majeure partie du chargement de ces inestimables trésors qui devaient être envoyés en France sombra dans les flots du Tigre. En 1854, *Henry Rawlinson* reprit et continua les fouilles, mais sans arriver à son tour à d'autre résultat vraiment marquant que celui, très important il est vrai, de déterminer les dimensions et la vraie destination du Birs-Nimroud dont nous reparlerons tout à l'heure, et de découvrir tout auprès les restes d'un ancien temple.

Cette rareté de découvertes dans une ville telle que Babylone est un fait bien remarquable et qui devient ici une démonstration évidente de la vérité des prophéties et, en particulier, des menaces de la Parole de Dieu. Tandis que sous les décombres assyriens, les ruines des palais ninivites se sont trouvées, en bonne partie, assez bien conservées pour qu'il ait été possible, sans trop de peine, de reconstituer ces palais et, d'après leurs innombrables bas-reliefs, la vie qu'on menait autrefois en Assyrie, du moins la vie des rois et l'histoire de leurs campagnes, on n'a rien retrouvé de pareil à Babylone. Quelques fondements informes d'édifices, quelques chambres absolument nues et vides, quelques bouts de canaux, des briques émaillées en grand nombre, mais pas un bas-relief, et, du moins sur les murs, pas une inscription, sinon celle toujours la même que portent, comme estampille, les briques partout éparses : tel est le bilan des explorations.

Que cela est capital! car le voilà, littéral, sous nos yeux, l'accomplissement des déclarations que plusieurs prophètes de l'Ancien Testament ne se lassent de répéter au sujet de Babylone, plus qu'ils ne le font à l'égard d'aucune autre ville et d'aucun autre royaume : « Voici, s'écrie entre autres Jérémie qui, pendant que l'orgueilleuse cité trône encore dans sa splendeur, la contemple déjà telle que la feront les jugements de l'Eternel, voici, elle est devenue la dernière des nations ; c'est un désert, une terre sèche et aride! A cause de la colère de l'Eternel, elle ne sera plus habitée, elle ne sera qu'une solitude.... Ses fondements s'écroulent, ses murs sont renversés et entièrement détruits, car c'est la vengeance de l'Eternel!... Faites-en des monceaux comme des tas de gerbes et détruisez-la, qu'il ne reste plus rien d'elle ; qu'elle soit comme Sodome et Gomorrhe, que l'Eternel détruisit !... » (Jér. 50 : 12, 13, 15, 26, 40.)

Et il en est si complètement ainsi que, malgré l'existence de Hillah au milieu de ces ruines, celles-ci sont inhabitées au point que pas un Arabe n'ose s'y hasarder et y dresser sa tente ; car il les croit hantées d'une multitude de mauvais esprits, et il les sait habitées par une multitude non moins grande de serpents venimeux et de scorpions au dard mortel.

* * *

Hasardons-nous-y cependant et voyons ce que nous pouvons y recueillir. En remontant d'une douzaine de kilomètres au nord-ouest de Hillah, on arrive au point de départ d'une série de collines qui se suivent, les unes de gauche à droite sur une ligne de bien des kilomètres ; les autres, de ce même point, se dirigent du nord au sud, à l'ouest de Hillah, sur une longueur de même étendue. Ce sont les restes de l'*une des deux colossales murailles* qui entouraient Babylone et dont l'autre, la muraille extérieure, qui a entièrement disparu, avait cent portes d'airain et mesurait quatre-vingt kilomètres de pourtour.

A l'angle oriental de l'espace septentrional compris entre ces deux murs d'enceinte se trouvent les restes d'un temple consacré à ce dieu de la guerre, Nergal, que nous avons déjà appris à connaître dans notre seconde conférence. Ce temple offre, au point de vue biblique, un intérêt historique. C'était, en effet, dans ce quartier extérieur de Babylone qu'habitaient les *Cuthéens*, que jadis le roi d'Assyrie, après avoir conquis la capitale de la Chaldée, fit transporter en Samarie, dont les habitants, d'autre part, venaient d'être exilés en Mésopotamie. « Le roi d'Assyrie, lisons-nous au second livre des Rois, fit venir des gens de Babylone, de *Cutha* et d'autres villes de la Chaldée et les établit dans les villes de Samarie, à la place des enfants d'Israël. Et ces nations, continue notre texte, une fois établies en Samarie, y installèrent chacune leurs dieux ; ceux de Cutha, en particulier, y dressèrent l'idole de leur dieu Nergal. » (2 Rois 17 : 24, 30.)

* * *

Entrons maintenant dans la ville même et, suivant le cours de l'Euphrate, remarquons d'abord ces monceaux de briques : ce sont les derniers restes des *quais* que, des deux côtés du fleuve, Nébuchadrézar avait construits à frais énormes d'hommes et d'argent. A droite de ces quais s'étendait l'immense ville, dont il ne reste absolument plus rien. A gauche se trouvait surtout le *quartier royal*, sur l'emplacement duquel le regard est aussitôt frappé par trois monticules qui, à des degrés divers, méritent notre attention.

Le premier de ces monticules porte aujourd'hui le nom de *Maklubeh* (ruine). C'est une masse confuse de briques ; du reste, en Babylonie, toutes les ruines sont composées de briques cuites ou crues, sans trace de ces pierres que l'on trouve dans les décombres de Ninive. On donne aussi à cette masse le nom de *Babîl*, dernier vestige de celui que portait autrefois la cité dont nous visitons en ce moment les restes. On y chercha pendant longtemps la base de la tour de Babel ; il est prouvé aujourd'hui que c'était le fondement d'un temple infiniment plus récent, consacré à Maruduk, le dieu national des Babyloniens, comme Assur était celui des Assyriens.

Un peu au sud de la ruine de Maklubeh se trouve, dans le second des monticules que nous mentionnions, celle du *Kasr*, c'est-à-dire du « château. » Il y a là quelques pans de murs et les débris d'un portail qui, avec les énormes décombres au milieu desquels ils sont perdus, représentent tout ce qui demeure aujourd'hui du vaste et splendide palais que Nébuchadrézar s'était fait bâtir en ces lieux, et où mourut Alexandre le Grand. La résidence des rois babyloniens se trouvait antérieurement de l'autre côté de l'Euphrate, dans la partie basse de la ville. Le Kasr, au contraire, se trouve sur une petite éminence, d'où l'on devait dominer la cité que Nébuchadrézar avait fait reconstruire presque tout entière. Aussi ne serons-nous pas étonnés si, du haut des terrasses de ce palais, là même où se dresse aujourd'hui un arbre solitaire, les regards du « roi des rois, » en se promenant sur cette ville qui, dans son immensité et sa splendeur, était bien son œuvre, lui procuraient un coup d'œil qui, plus d'une fois, dut gonfler son cœur d'orgueil; et que, un jour, pris de vertige, il prononça ces paroles, à la suite desquelles il fut immédiatement précipité dans le plus profond des abaissements : « N'est-ce pas ici Babylone la Grande, que j'ai bâtie comme résidence royale, par la puissance de *ma* force et pour la gloire de *ma* magnificence ? » (Dan. 4 : 29, 30.)

Et que la reconstruction de Babylone et l'érection du palais royal dont le Kasr représente les restes sont bien de ce roi, toutes les pierres de ce vaste champ de ruines le proclament ; car il n'y a pas une brique qui ne porte l'empreinte de son nom, dans cette inscription toujours la même : « Nébuchadrézar, roi de Babylone, restaurateur du temple du Ciel et du temple de la Fortune, qui marche dans l'adoration de Nébo et de Maruduk, fils de Nabopolassar, roi de Babylone. »

Au sud du Kasr est le troisième des monticules du quartier royal, celui que les Arabes nomment aujourd'hui le *tell Amran ibn Ali*. A force de le fouiller, Hormuzd Rassam y découvrit, à son grand étonnement, des restes de conduits d'eau, même quelques débris de fontaines et les indices d'une construction à étages. En déblayant l'un des conduits, il arriva jusqu'à l'eau. Il finit par ne plus douter — et sa conviction est aujourd'hui partagée par les principaux assyriologues — que, selon toutes les données des anciens historiens, il avait découvert l'emplacement des fameux *jardins suspendus*, attribués jadis à la fabuleuse Sémiramis et que, en réalité, Nébuchadrézar avait fait bâtir, pour remplacer à son épouse Amytis les montagnes boisées de la Médie, sa patrie. (Fig. 21.)

Enfin, en dehors et au sud du quartier royal qui renferme Babîl, le Kasr et les jardins suspendus, nous trouvons, au milieu du village actuel de Djimdjima, perdu dans un gracieux bois de palmiers, un nouveau monticule composé de deux tertres séparés par un ravin. Dans l'un des deux on n'a rencontré encore que des décombres sans forme; dans l'autre on a découvert une quantité de tablettes dont le contenu indique que nous sommes ici sur l'emplacement de l'ancien *quartier de la banque* de Babylone. On y a déterré entre autres un nombre considérable de ces billets à ordre de la maison Egibi et frères dont il a été question dans la précédente conférence et pour l'origine israélite desquels nous avons encore pour preuve, outre le nom même d'Egibi, le fait que les plus anciens en date ne remontent pas plus haut que Nébuchadrézar, celui-là même qui emmena les Juifs en exil à Babylone.

* * *

Franchissons maintenant la ligne que devait suivre la première muraille méridionale de la cité et, avant de passer la seconde muraille extérieure, fixons notre attention sur cet amas de ruines, indiqué dans l'angle S.-O. du plan de Babylone. Il renferme les restes de l'antique ville de *Borsippa*, que Nébuchadrézar, lorsqu'il éleva le mur extérieur, fit rentrer dans l'enceinte de la capitale comme l'un de ses faubourgs. Ce fut là que se réfugia le dernier roi de Babylone, Nabonid, pendant que Cyrus avançait depuis le nord contre la grande cité, où était resté Beltsazar, le fils et corégent de Nabonid.

A l'extrémité orientale du tertre qui cache ce qui subsiste de Borsippa, se dresse un monticule, plus intéressant et plus antique non seulement que toutes les ruines de la Chaldée et de l'Assyrie, mais encore que quelque ruine que ce soit du monde entier. C'est le *Birs-Nimroud*, c'est-à-dire la tour de Nemrod qui, selon la tradition, ne représente rien moins que les restes de la fameuse tour de Babel dont parle le chapitre 11 de la Genèse.

« Dans son état actuel, raconte un témoin oculaire, M. Jules Oppert, le Birs a encore 46 mètres de hauteur. Son pourtour, au niveau du sol, sans tenir compte des inégalités, est de 710 mètres. Le côté sud-ouest est escarpé. On y pénètre, du côté de l'est, par un ravin qui monte insensiblement. Cette partie du monument est faite de briques cuites. On dirait d'abord un monceau de terre informe, mais l'examen superficiel fait reconnaître sur-le-champ qu'on a sous les yeux une œuvre faite de main d'homme.... En suivant le ravin, on arrive d'abord sur une plate-forme qui a 25 mètres de largeur sur 78 de longueur. Dc là, enfin, on parvient sur le haut de la colline, d'où l'œil domine la plaine entière de Babylone.... Au haut, un énorme pan de mur reste debout. Il mesure 11 $^1/_2$ mètres de hauteur sur 8 de largeur et autant d'épaisseur. Il est construit en briques d'un rouge pâle. Une couche de lichens le couvre presque entièrement, et la végétation de ces cryptogames montre combien de siècles ont déjà passé sur ces ruines. Tout autour du pan de mur, la place est jonchée de débris de briques de Nabuchodonosor, et de blocs énormes de briques tombés d'en haut. Plusieurs de ces blocs portent des traces de vitrification produite par le feu.... La violence de l'incendie qui les a ainsi transformés a été telle que les couches de briques qui sont encore visibles se présentent toutes courbées et ondulées.... » (Comp. Grégoire, La Bible et l'assyriologie, dans la *Revue des questions historiques*, tome XIII, pages 438 et suiv.)

Comme on vient de le lire, la *partie supérieure* de l'édifice est couverte de briques qui portent l'estampille de Nébuchadrézar, et doit par conséquent être contemporaine de ce roi. En effet, ce dernier déclare, dans un cylindre trouvé par Rawlinson, en quatre exemplaires, aux quatre coins de l'édifice, qu'il reconstruisit la tour et lui donna la forme et la hauteur qu'avaient toutes les tours ou, plus exactement, tous les observatoires en Chaldée comme en Assyrie, celle d'un édifice d'ordinaire à sept étages, dont chacun était consacré à l'une des sept planètes et portait sa couleur (voir pages 49 et 50). L'espèce de tour qui surmonte aujourd'hui le Birs-Nimroud n'est autre chose que le reste de l'un des angles du sixième étage. (Fig. 22.)

Cependant bien des indices nous autorisent à admettre que nous ne nous en trouvons pas moins sur l'emplacement de la Tour de Babel, et que les *fondements*, du moins, de l'observatoire restauré par Nébuchadrézar sont bien les mêmes que ceux que posèrent, après le déluge, les constructeurs de cette tour qui fut la cause de leur dispersion.

Le premier de ces indices, pour commencer par la preuve la plus faible, est la tradition, constante pourtant, des indigènes qui, comme l'indique le nom de la tour, la fait remonter jusqu'aux jours de Nemrod. — Ce sont ensuite quelques précieuses allusions de ce cylindre de Nébuchadrézar que nous venons de mentionner et qui, d'après la traduction la plus récente de ce document, dit que cette tour, que ce roi ne fit que reconstruire, remontait à un roi antique (si antique qu'il n'en connaît plus même le nom), qui n'avait pu l'achever. Il déclare de plus qu'*il n'en changea point les fondements*. — Ce sont encore les noms employés par les antiques Chaldéens pour désigner cette tour et la localité où elle se trouve. Cette tour, en effet, est un *ziggurat*. Ce nom provient d'un verbe qui, en babylonien comme en hébreu, signifie « rappeler un souvenir » et, d'après une certaine forme du verbe qui se trouve dans ziggurat, « se faire un nom. » Or, « faisons-nous un nom, avaient dit ceux qui construisirent la Tour de Babel, afin que nous ne soyons pas dispersés sur la surface de la terre[1]. » — Puis vient le nom de la localité de *Borsippa* où se trouve le Birs-Nimroud, et qui ne signifie autre chose que « Tour des Langues. » — Enfin le nom de *Babel* lui-même a reçu, plus tard, des Babyloniens

[1] Genèse 11 : 4.

qui tenaient à lui enlever un sens de mauvais augure, le sens de « Porte du Dieu El, » mais primitivement il signifiait en chaldéen « Confusion. »

Tout confirme donc sur les lieux mêmes la tradition d'après laquelle c'est bien ici que fut érigée la Tour de Babel où Dieu confondit les langues et dispersa les peuples.

Avant de quitter la ville de Babylone et de nous diriger vers le sud, arrêtons-nous encore un instant dans cette plaine qui se trouve à quelques kilomètres de la grande cité. C'est la *plaine d'El-Dueir*, la même qui, dans l'antiquité, portait le nom de *Doura* et dans laquelle, d'après le chapitre troisième de Daniel, Nébuchadrézar dressa cette statue colossale, devant laquelle les trois jeunes hommes hébreux refusèrent de fléchir le genou et, pour cette sainte rébellion, furent jetés dans la fournaise ardente. On y remarque, entre autres, un petit monticule qui rappelle vaguement la forme d'un cube et qu'on suppose avoir été le piédestal de la statue en question.

* * *

Et maintenant descendons l'Euphrate pour nous rendre dans la partie la plus méridionale de la Chaldée. Nous n'y connaissons encore qu'un petit nombre de ruines ; il est certain, cependant, que de nouvelles explorations auraient pour résultat la découverte d'un grand nombre d'autres restes de l'antiquité. Mais si déjà bien des difficultés naturelles se sont rencontrées, en Assyrie et dans le nord de la Chaldée, sur le chemin des hardis et persévérants explorateurs qui y ont travaillé, ces difficultés se multiplient et grandissent à tel point dans la basse Chaldée, que ce n'est qu'au prix des plus grands dangers et même au péril de la vie qu'il est possible d'y faire des recherches. Pendant les mois du printemps, les deux fleuves débordent au loin dans le pays ; puis, après être rentrés dans leur lit, ils laissent derrière eux de nombreux et vastes marécages qui, pendant l'été, répandent des miasmes pestilentiels, et au milieu desquels les rares tells qui cachent des ruines émergent comme des îlots presque inabordables. Il faut donc ici, plus encore qu'à Ninive, une santé de fer pour oser entreprendre, dans un pareil climat, des fouilles quelque peu importantes.

Puis on a affaire aux Bédouins, les seuls êtres humains, comme nous le disions plus haut, qui habitent ces parages et qui, dans l'absence de toute surveillance et protection du gouvernement, volent et tuent sans scrupule ou, s'ils sont accessibles, ne peuvent être décidés qu'à grand'peine à prêter leur concours et, une fois au travail, font le désespoir des explorateurs par leur paresse et leur duplicité sans pareilles.

Voilà pourquoi bien peu de découvertes archéologiques ont encore été faites dans cette partie de la Mésopotamie. Nous n'en possédons pas moins aujourd'hui, grâce au courage de ceux qui ont osé la parcourir et surtout y séjourner, une connaissance, pleine de promesses pour des recherches ultérieures, du caractère général de la plaine chaldéenne et des restes de plusieurs villes particulièrement intéressantes au double point de vue historique et biblique.

Parmi ces explorateurs, il faut nommer d'abord les Anglais *Loftus* et *Taylor* qui, en 1850 et années suivantes, trouvèrent, dans les ruines qu'ils découvrirent, les documents les plus précieux pour l'histoire alors la plus ancienne connue de la Chaldée ;

puis le consul français de Bagdad, *M. de Sarzec* qui, assisté de sa vaillante femme, découvrit, en 1881, à Tell-Loh, des statues et des inscriptions si antiques que, grâce à leurs révélations, les historiens peuvent désormais reculer l'existence de la civilisation chaldéenne du vingt-cinquième au trente-huitième siècle avant notre ère !

* * *

Voici maintenant, aussi succinctement que possible, quelques-unes des plus remarquables de ces découvertes.

Et d'abord, voyez ces longues traînées de petites collines parallèles, hautes de dix à vingt mètres qui, çà et là, surgissent dans le pays. Ce sont les derniers vestiges des innombrables et, en partie, magnifiques *canaux* dont les Chaldéens, dès les temps les plus reculés, s'appliquèrent à sillonner leur pays. Ils réussirent ainsi, non seulement à empêcher les effets dévastateurs des débordements annuels de l'Euphrate et du Tigre, mais encore à si bien irriguer les terres qu'ils firent de ces contrées, aujourd'hui si désolées, un pays plus fécond qu'aucun autre, y compris même l'Egypte. Aussi les anciens historiens, quand ils en décrivent la fertilité, mentionnent-ils avec un véritable enthousiasme les produits de toute espèce qu'en surent tirer les Chaldéens, au point que l'un d'eux, Hérodote, se refuse à indiquer la hauteur de certaines céréales et la largeur de leurs feuilles, parce que, en son pays de Grèce, nul ne le croirait. C'était un vrai paradis ; aussi ne serons-nous pas étonnés en apprenant que les plus anciennes traditions plaçaient en ces parages le jardin d'Eden.

Outre ces restes de canalisation, ce qui seul émerge dans le pays, ce sont de loin en loin des tells, sous lesquels il est certain maintenant que se trouvent les restes d'autant de villes antiques. Cinq ou six, guère plus, en sont connues aujourd'hui. Nous nous contenterons d'en mentionner les deux jusqu'à présent les plus intéressantes.

Voici d'abord *Warka*, qui nous intéresse, d'abord parce que ce sont les ruines de l'ancien *Erech* qui, avec Babylone, Accad et Calné, formait le groupe des quatre villes sur lesquelles régna ce même Nemrod qui, plus tard, se rendit en Assyrie, pour y fonder le nouveau groupe des quatres villes de Ninive, Calah, Résen et Rehoboth-Ir. (Gen. 10 : 10, 11.) Il ne reste d'Erech qu'un tell de près de deux lieues de circonférence, dont on peut encore suivre l'enceinte. Lorsqu'on y pénètre, le regard ne tarde pas à être frappé par les ruines d'une tour qui, sans doute, formait le « ziggurat » ou observatoire sacré de la ville ; puis, par les restes d'un immense édifice rectangulaire, nommé *Wuswas* par les Arabes, long d'à peu près cent quatre-vingts mètres sur une centaine de large, et qui avait reçu, jadis, la plus étrange destination.

Depuis longtemps on avait été frappé du fait que, en Assyrie, jamais aucun explorateur n'avait découvert une seule tombe ; à peine en avait-on trouvé quelques-unes à Babylone. Qu'est-ce que les Assyriens et les Babyloniens faisaient donc de leurs morts ? Les fouilles de Warka et, comme nous le verrons plus loin, celles aussi du tell qu'il nous restera à explorer, ont livré la clef de ce mystère : l'immense enceinte de Wuswas ne renferme absolument autre chose que des cercueils ! Non des cercueils enterrés comme chez nous, mais entassés les uns sur les autres au-dessus du sol, à une profondeur, dirai-je, ou plutôt à une hauteur extraordinaire. Le voyageur Loftus eut beau creuser depuis le haut du tell :

couche sur couche de cercueils se succédaient sans fin. Il avait déjà poussé des galeries de dix mètres de profond : il y en avait toujours ! Cet édifice dont le système de drainage, destiné à préserver les corps de toute humidité, a rempli d'admiration les explorateurs, devait, à lui seul, renfermer des milliers et des milliers de cercueils, tous en terre cuite. Leur forme était, soit celle de deux grands pots allongés dont les bords se touchaient bouche à bouche, soit celle d'énormes pantoufles ou — qu'on nous pardonne la comparaison, — de gigantesques plats couverts. Dans ces derniers, en particulier, on retrouva non seulement des squelettes, mais encore des vases et des jarres qui, selon l'analogie de tombes semblables trouvées en d'autres pays, devaient avoir contenu de la nourriture et de la boisson pour sustenter le défunt de l'autre côté de la tombe. Ces vases et ces jarres sont donc des témoins éloquents de la croyance des antiques Chaldéens à la survivance des âmes.

Maintenant on pouvait comprendre ce qu'étaient devenus les morts des Assyro-Babyloniens. Il y avait dans la Mésopotamie méridionale et cela également pour les deux royaumes — preuve frappante de leur communauté d'origine — des nécropoles, sacrées même quand les Assyriens et les Babyloniens se faisaient la guerre, et c'était l'une d'elles qui avait été retrouvée à Warka. Quel dommage que toutes les tombes que renferme cette dernière soient absolument vierges de toute inscription !

* * *

C'est une semblable nécropole que nous rencontrons quelques lieues plus au sud de Warka ; mais une nécropole qui, pour nous, n'est pas seulement remarquable parce qu'on y trouve des cercueils, mais parce qu'à elle se rattache le souvenir d'une personnalité également grande aux yeux du chrétien, du juif et du musulman : nous voulons parler d'*Ur en Chaldée*, la patrie d'Abraham.

A une cinquantaine de lieues au nord des bords actuels du golfe Persique, et à deux lieues de la rive droite du cours actuel de l'Euphrate, existe un groupe de ruines appelé par les Arabes *Mugheïr*, c'est-à-dire « la bituminée. » Ce groupe se compose d'une série de petits tells, parmi lesquels se dressent, à une hauteur de soixante-dix pieds au-dessus de la plaine, les restes d'une grosse tour, bâtie en larges briques dont les rangées inférieures sont séparées par des couches de roseaux et, comme le sont les briques de la tour de Babel et de toutes les autres ruines de la Chaldée, cimentées avec du bitume (comp. Gen. 11 : 3). De là le nom de Mugheïr qui, de la tour, a été étendu à l'ensemble des restes de la ville, dont la forme, dans son état actuel, est celle d'un ovale long environ d'un demi-mille anglais. (Fig. 24.)

Le bas de la tour est entièrement massif. Sur cette base s'élève un premier étage de quatorze pieds de hauteur. Cet étage en supportait probablement un second, du moins à en juger par l'étendue des décombres et d'après le dire des vieillards de la contrée qui prétendent l'avoir vu encore. Les fouilles ont démontré que cet édifice était un temple, érigé dans l'antiquité la plus reculée, bien avant Abraham, à Sin, c'est-à-dire à la Lune, la divinité principale de cet endroit et de bien d'autres endroits de la Chaldée. Aux quatre coins de cet édifice, les voyageurs Loftus et Taylor ont successivement trouvé plusieurs cylindres qui nous informent qu'il est la restauration, par Nabonid, le dernier roi de Babylone, d'un observatoire primitivement bâti par les plus anciens rois d'Ur. En outre, on a découvert sur les lieux une vingtaine de tablettes qui remontent à l'époque de ces rois eux-mêmes, c'est-à-dire à près de vingt-cinq siècles avant Jésus-Christ, et qui mentionnent également et sans varier que l'emplacement où elles ont été trouvées est bien Ur de Chaldée, la patrie d'Abraham et la résidence de ces rois.

Cette ville, en effet, était jadis la *capitale* d'une dynastie puissante qui, pendant un temps assez long, régna sur toute la haute et la basse Chaldée. Elle était en même temps l'*entrepôt d'un commerce* maritime étendu. Car non seulement elle était située alors, non à deux lieues de l'Euphrate, mais sur les rives mêmes de ce fleuve, dont le cours, là où il n'est pas endigué, a toujours été si variable ; mais encore tout près du golfe Persique dont, comme nous le disions plus haut, Mugheïr est éloigné aujourd'hui d'une cinquantaine de lieues. En effet, le golfe, dans sa partie septentrionale, est si peu profond et, chaque année, le Tigre et l'Euphrate y charrient une telle quantité de limon que, à l'époque actuelle, il se retire d'un mille anglais, soit d'un tiers de lieue, tous les soixante-dix ans, et que la moyenne de son retrait, depuis les âges historiques, est d'une lieue tous les quatre-vingt-dix ans.

Puis, Ur a été un vrai *centre du culte* des dieux chaldéens ; car, comme le prouvent encore les inscriptions, à côté de Sin plusieurs autres grandes divinités y avaient leur sanctuaire particulier.

Enfin, même après avoir cessé d'être la capitale de l'empire chaldéen, Ur, consacrée par de si anciens et de si augustes souvenirs, devint pour les Assyro-Babyloniens une ville sainte des morts, une nécropole semblable à Erek. Aussi n'a-t-on pas seulement découvert dans l'enceinte même de Mugheïr tout un monticule rempli de cercueils, mais les explorateurs ont constaté que, jadis, on avait peu à peu enfermé la ville dans une ceinture, à rangées toujours plus nombreuses, de tombes. Elles y sont groupées par vingt à cinquante dans chacune des collines dont se compose chaque rangée, et s'y trouvent presque aussi innombrables qu'à Warka. (Fig. 25.)

* * *

C'est dans cette ville où se déployait également la triple puissance des armes, de la richesse et de la religion qu'a vécu le patriarche Abraham. Sous quelles influences mondaines et païennes, par conséquent, la première moitié de son existence ne s'est-elle pas écoulée ! Comment expliquer que, dans un pareil milieu, sa foi au vrai Dieu se soit si bien maintenue ? Nous en trouverons la cause prochaine dans le fait que, tandis que les rois et le peuple de la basse Chaldée étaient des *Kouschites*, c'est-à-dire des descendants de Kousch, fils de Cham, dont la tendance générale, l'histoire le démontre toujours mieux, a été celle d'une civilisation toute terrestre, ardente et habile à développer toutes les ressources matérielles de ce monde, Abraham appartenait à la race *sémite* qui, dès les temps les plus reculés, a été plus particulièrement portée vers la religion et s'est montrée plus apte à comprendre les réalités du monde invisible. C'est dans cette famille, par conséquent, qu'a pu se conserver plus pure qu'ailleurs la notion du Dieu vivant ; c'est elle qui, d'une manière plus intacte, a pu se transmettre, de génération en génération, le trésor des traditions primitives de la création, du paradis, de la chute, du déluge ; c'est d'elle que sont sortis, plusieurs siècles avant Abraham, les chantres sacrés auxquels nous devons ces merveilleux psaumes de pénitence qui font si étrange figure au milieu des incantations magiques et astrologiques des Chaldéens Kouschites ; c'est elle enfin qui a pu compter dans sa descendance une famille telle que celle de Taré, et produire une personnalité spirituellement aussi puissante que celle de son fils Abraham.

Mais l'explication de l'apparition du père des croyants par les aptitudes religieuses de sa race ne suffit pas pour faire comprendre comment, au milieu du paganisme toujours plus grossier au milieu duquel vivait Abraham, a pu se conserver la spiritualité, quelque relative qu'on la fasse, de sa relation avec Dieu. Pour apprécier à sa juste valeur un pareil fait, il faut admettre encore et avant tout une intervention très spéciale, une action directement providentielle du Dieu de l'histoire qui, avec Abraham, recommence à se manifester comme le Dieu de la révélation, préservant une partie de la race sémite et le saint patriarche en particulier de l'influence fatale du milieu ambiant auquel ce Dieu était devenu si étranger.

Voilà pourquoi ce fut avant que le pur courant de la foi primitive finît par se perdre, lui aussi, dans les eaux toujours plus troubles du paganisme général, que l'Eternel fit sortir Abraham de cette ville d'Ur où il avait vécu jusque-là. Il le rendit capable, dès lors, de devenir, par sa foi vivante, le chef du nouveau peuple qui est né de lui non seulement selon la chair, comme la nation israélite, mais encore selon l'esprit, comme le sont tous les croyants qui, à travers les siècles, n'ont cessé jusqu'à ce jour de se réclamer de lui comme de leur véritable ancêtre.

Et c'est grâce à cette foi que, tandis que les royaumes de Ninive et de Babylone, depuis longtemps, ne sont plus que des champs de ruines, et que Ur elle-même, la capitale du royaume des Chaldéens, n'est plus qu'un cimetière, le royaume dont Abraham a été constitué le premier membre, subsiste toujours et ne cessera de subsister en toute éternité, parce que c'est le royaume de Dieu.

TABLE DES MATIÈRES

TABLE DES FIGURES

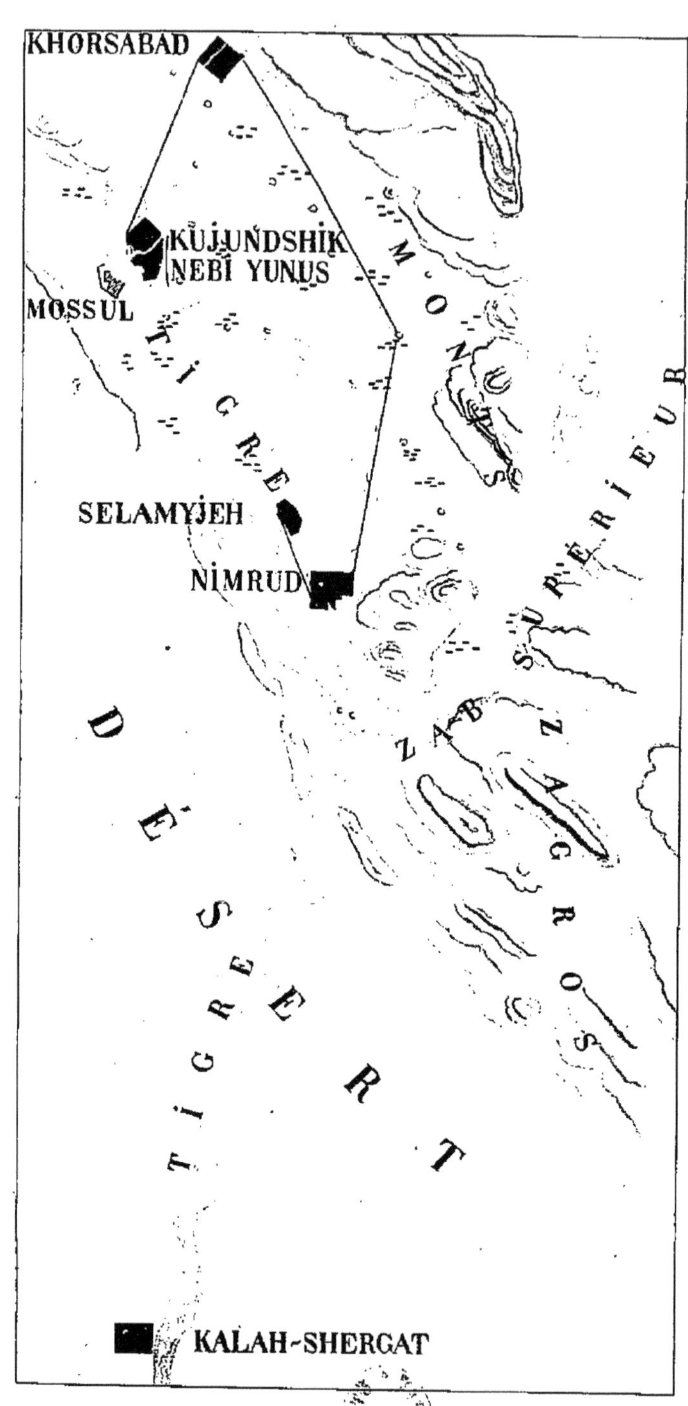

Ninive et ses environs.

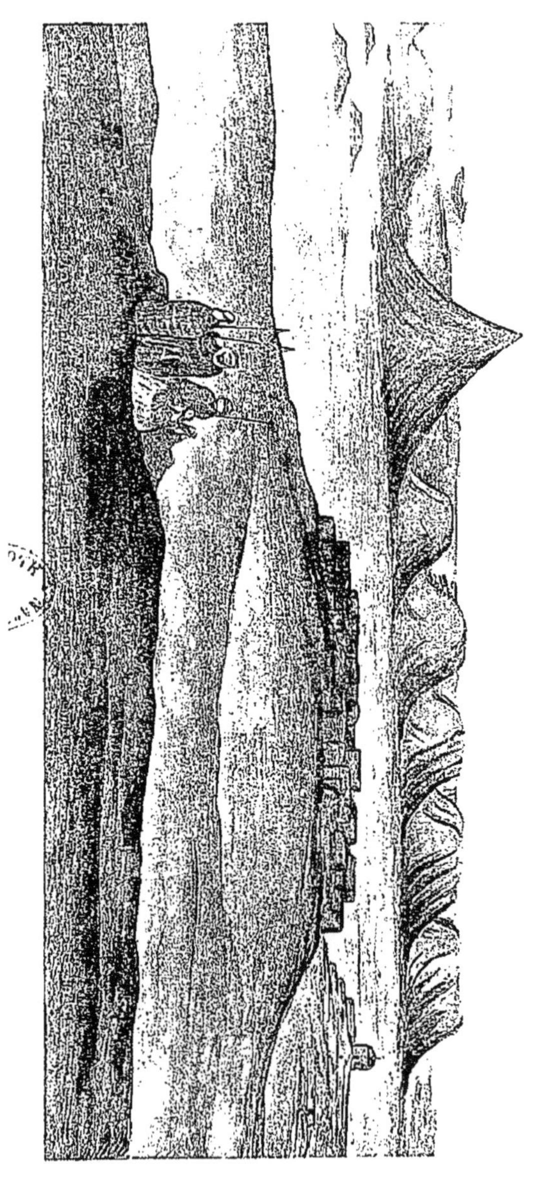

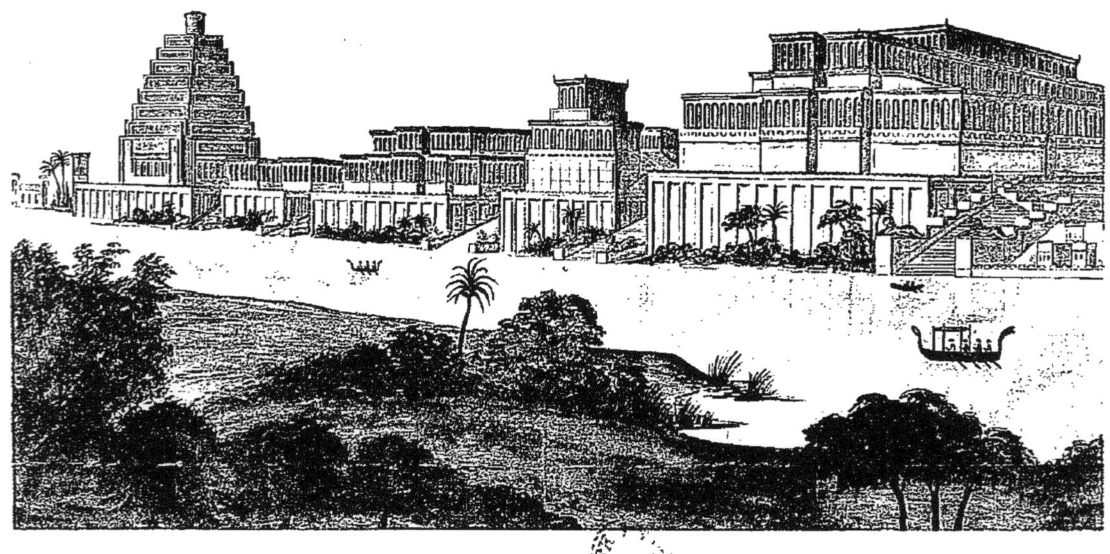

Reconstitution d'un palais assyrien à Nimroud.

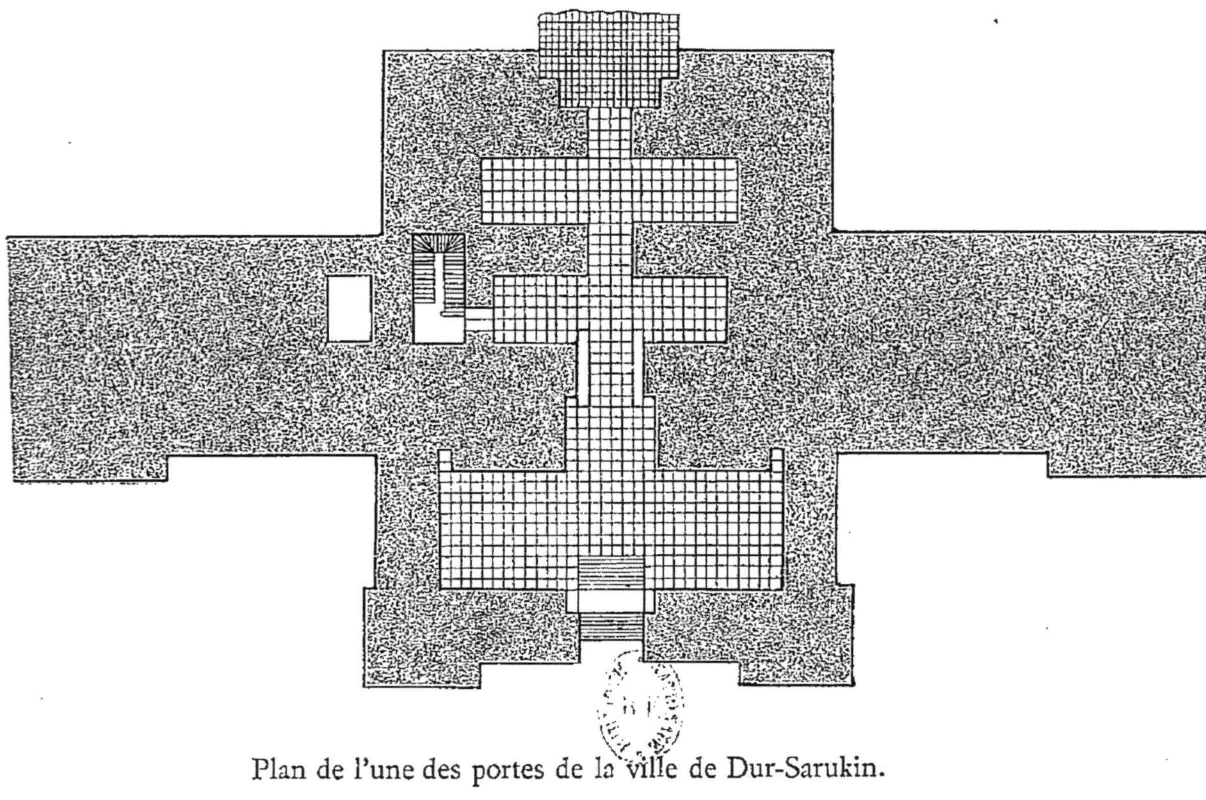

Plan de l'une des portes de la ville de Dur-Sarukin.

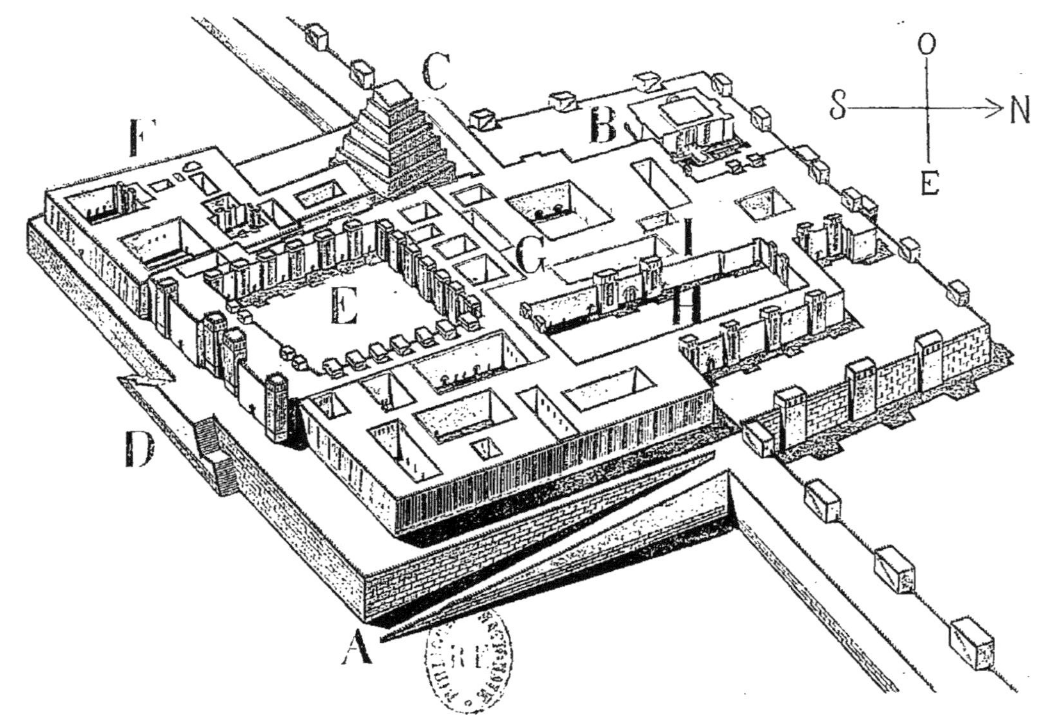

Plan cavalier du palais de Sargon

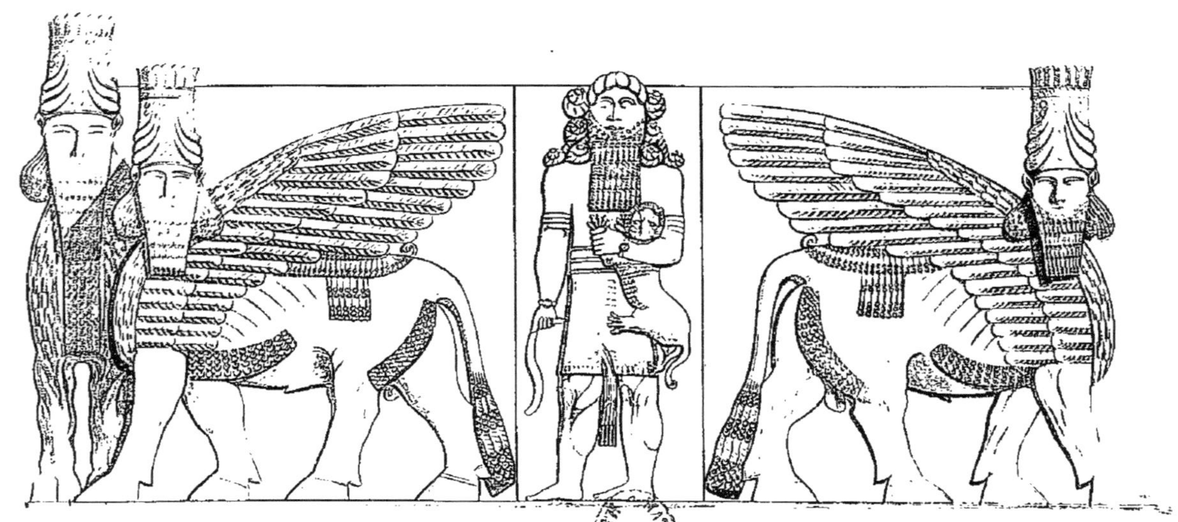

Taureaux ailés avec Nimrod au milieu.

Génies assyriens.

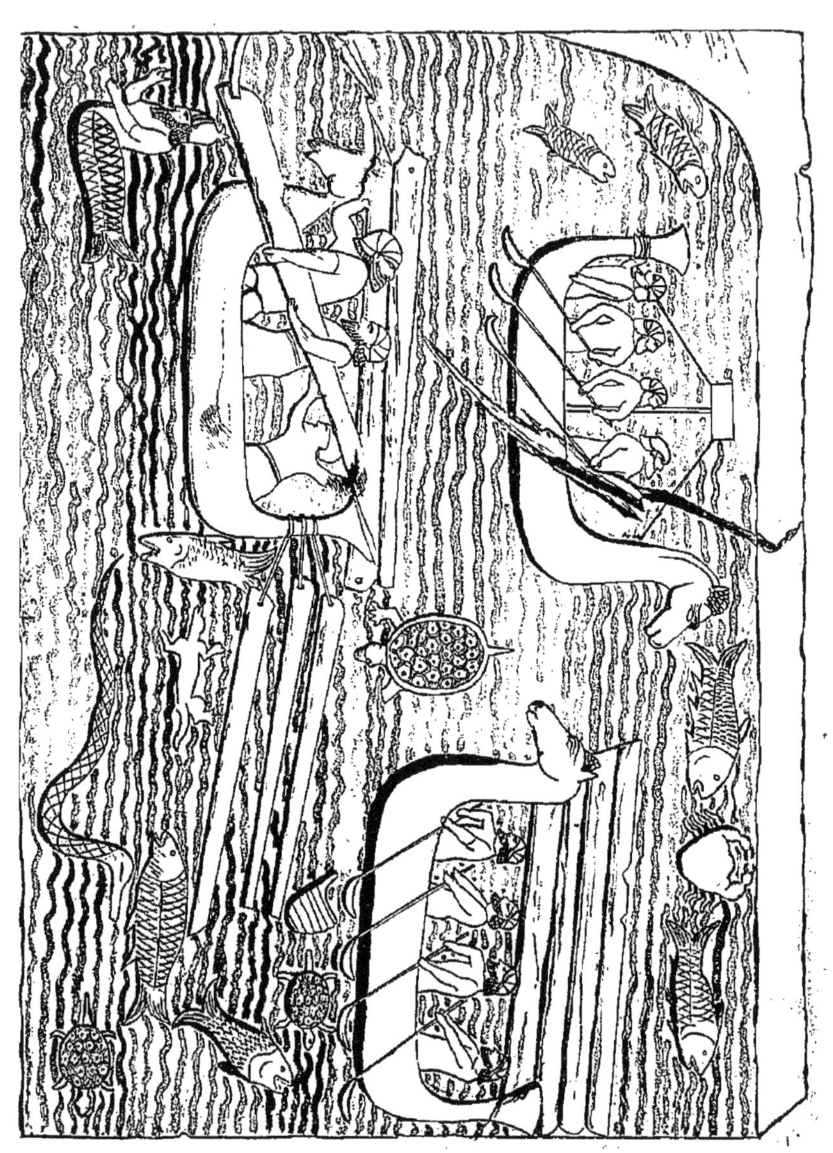

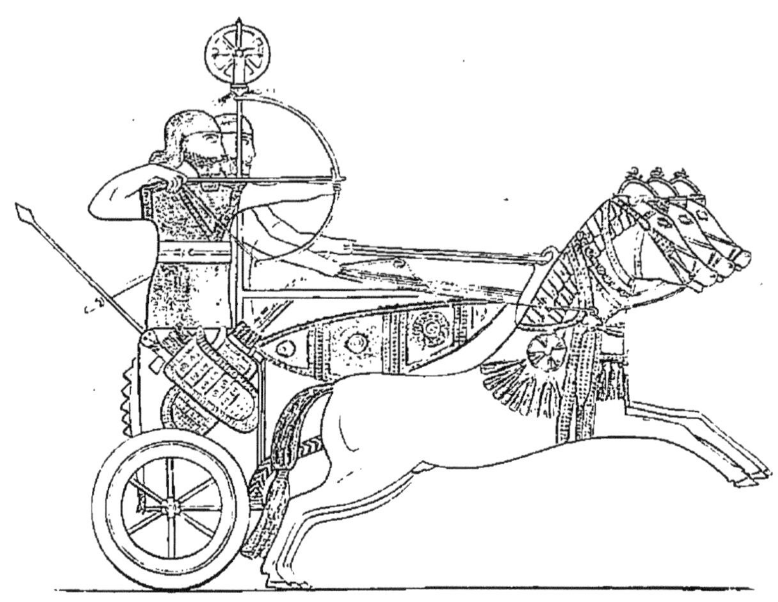

Guerriers assyriens.

Terrasses d'assaut et béliers d'attaque des Assyriens.

Roi assyrien crevant les yeux de captifs auxquels il a passé un mors aux lèvres.

La pierre où se trouve représentée cette scène est délitée.

Captifs de guerre partant pour l'exil.

Au haut de la figure, à gauche, transport des dieux des ennemis vaincus.

Le roi Sargon consultant la coupe de divination.

La déesse Istar et le dieu Bel

Symbole du dieu suprême Ilu surmontant l'arbre de vie.

D Â - RA - YA - V - U Š · KH - Š - Â - YA - Ṭ - I - YA · VA-
D A R I U S · R O I GR-
ZA - R - KA · KH - Š - A - YA - Ṭ - I - YA · KH - Š - Â - YA - Ṭ
-A N D · R O I D E S
I - Y - Â - N - Â - M · V - I - Š - T - Â - S - PA - H - Y - Â ·
R O I S · D' H Y S T A S P E ·
P - U - TRA · HA - KHA - A - MA - N - I - Š - I - YA · H - YA · I
F I L S · A C H É M É N I D E · Q U I
MA - M · TŠA - TA - RA - M · A - K - U - NA - U - Š ·
C E P A L A I S A B Â T I ·

Inscriptions perses ayant servi à Grotefend pour déchiffrer l'écriture cunéiforme.

KH - ŠA - Y - A - R - Š - Â · KH - Š - A - YA - Ṭ - I - YA ·
X E R X E S · R O I
V A - ZA - R - KA · KH - Š - A - YA - Ṭ - I - YA · KH - Š
G R A N D · R O I D E S
A - YA - Ṭ - I - Y - A - N - A - M · D - A - R - YA - VA-
R O I S · D E D A R-
H - U - Š · KH - Š - A - YA - Ṭ - I - YA - H - Y - Â · P-
- I U S L E R O I F-
-U - TRA · HA - KH - Â - MA - N - I - Š - I - YA ·
I L S · A C H É M É N I D E ·

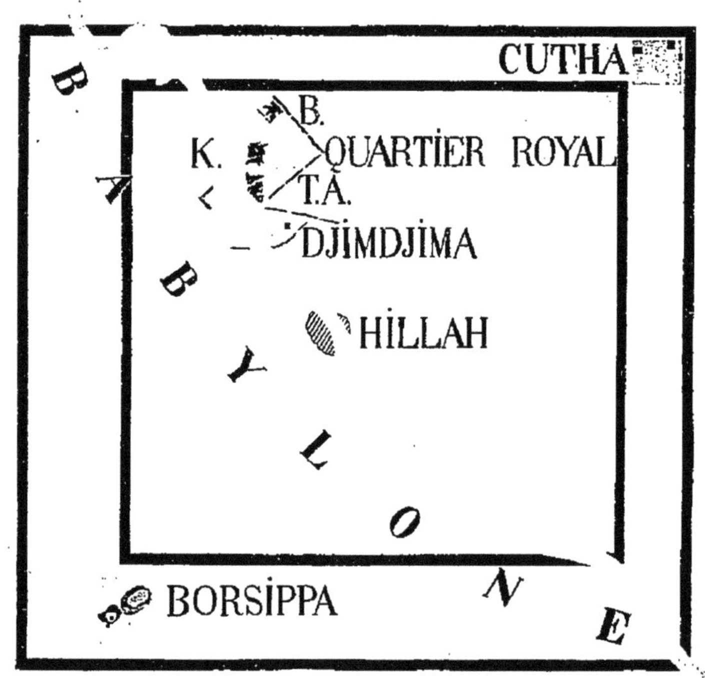

Plan de Babylone du temps de Nébuchadrézar.

La ligne claire qui traverse le plan représente le cours de l'Euphrate.

Reconstitution des jardins suspendus de Babylone

Le Birs Nimroud dans son état actuel

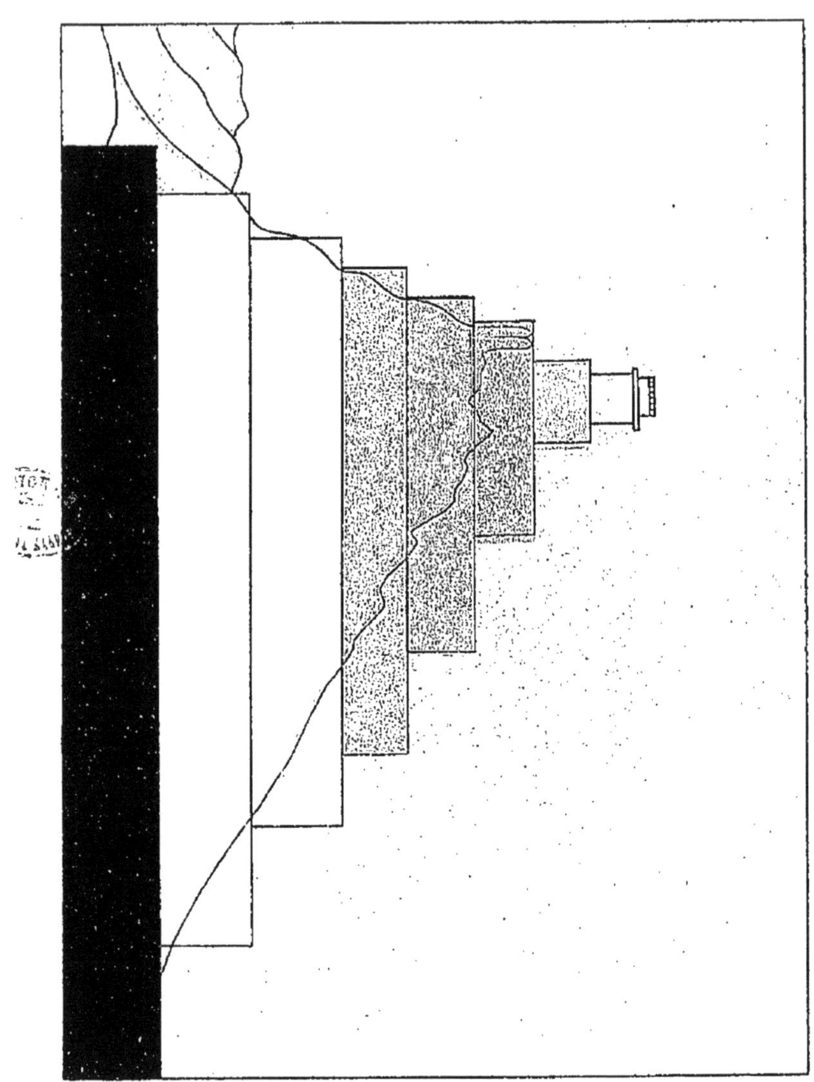

Restes de l'observatoire d'Ur, en Chaldée.

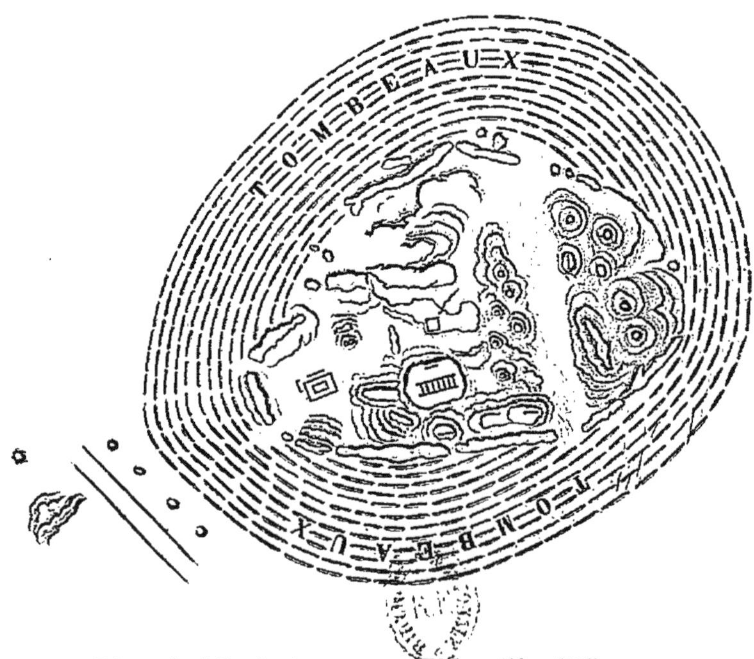

Plan de Mugheïr, restes de la ville d'Ur.

Lausanne. — Imp. Georges Bridel.

www.ingramcontent.com/pod-product-compliance
Ingram Content Group UK Ltd.
Pitfield, Milton Keynes, MK11 3LW, UK
UKHW012214240726
13966UKWH00002B/742